농업과 AI

AI문고

인공지능 시대입니다. 기계가 인간의 인지를 대신하고, 사물이 인간을 통하지 않고 다른 사물과 직접 커뮤니케이션합니다. 이에 따른 인간 삶과 문명 변화를 정확히 이해 · 예측 · 대응하는 것은 이 시대 우리 모두의 과제입니다. AI문고는 인공지능 기술과 환경의 여러 주제를 10가지 키워드로 정리합니다. 관련 개념과 이론, 학계와 산업계의 쟁점, 우리 일상의 변화를 다룹니다. 인간과 기술의 현재, 미래를 세심히 분석합니다.

일러두기

- 인명, 작품명, 저서명, 개념어 등은 한글과 함께 괄호 안에 해당 국가의 원어를 병기했습니다.
- 외래어 표기는 현행 어문 규정의 외래어표기법을 따랐습니다. 다만 '딥러닝', '딥마인드', '딥페이크' 등은 관행을 따랐습니다.

처음이세요?

전문가세요?

농업과 AI

김동원

대한민국, 서울, 커뮤니케이션북스, 2024

농업과 AI

지은이 김동원
펴낸이 박영률

초판 1쇄 펴낸날 2024년 8월 30일

커뮤니케이션북스(주)
출판 등록 2007년 8월 17일 제313-2007-000166호
02880 서울시 성북구 성북로 5-11
전화(02) 7474 001, 팩스(02) 736 5047
commbooks@commbooks.com
www.commbooks.com

ISBN 979-11-288-2782-2 03500

책값은 뒤표지에 표시되어 있습니다.

차례

농업과 AI

2023년 미국 실리콘밸리에 방문했다. 기업 행사 취재차 종종 방문한 곳이지만, 이번 방문은 각오가 달랐다. 미국 농업 기술 현황에 대한 탐사 취재를 해야 했기 때문이다. 주어진 미션은 미국 스마트농업 현황을 취재하고 분석해 한국 농업 성장에 기여할 수 있는 연구 전략을 수립하는 것이었다. 첨단 도시로 알려진 실리콘밸리에서 농업이라니. 어디서부터 취재해야 할지 가늠하기조차 힘든 미션이었다.

미국은 농업 분야 기술 강국이다. 농림식품기술기획평가원이 발표한 『2022 농림식품 기술수준평가』 보고서에 따르면, 미국은 세계 최고 기술 보유국으로 평가됐다. 미국을 100점으로 환산했을 때 독일이 94.6점, 네덜란드가 92.8점, 일본이 93.7점으로 그 뒤를 이었다. 한국은 82.3점으로 8위에 그쳤다.

미국 실리콘밸리에 방문한 이유도 여기에 있다. 농업 분야 세계 최고 기술 보유국인 미국에선 어떤 기술을 연구하고 개발하고 있는지 취재하면 한국 농업 발전을 위한 여러 경로를 설정할 수 있고 좋은 기사로도 연결될 수 있단 판단에서였다.

그런데 미국은 아무한테나 문을 열어 주진 않는다. 미국은 정말 자본주의 끝판왕이다. 본인에게 이익이 안 된다면 취재나 인터뷰에 10분도 허락하지 않는다. 일반 직원을 만나는 것이야 가능하겠지만, 최고경영자(CEO)를 비롯한 'C레벨'을 만나는 것은 쉽지 않다. 한국에서 온 기자가 "당신 기업의 기술을 알고 싶으니 만나 달라"고 하면 "환영합니다"라며 문을 열어 주는 곳은 적다. 한국 시장이 해당 기업에 매력이 있는지, 수출할 계획이 있는지, 한국 독자들에게 본인 기업이 알려진다면 이익이 있는지 등을 계산해 1시간 정도 시간을 낼 가치가 있다면 문을 연다.

미국 농업 기술과 관련해 취재를 계획할 때 가장 걱정이었던 것은 이 부분이었다. 한국 농업 시장이 미국 기업에 과연 매력적일지는 미지수였다. 넓은 땅을 보유한 미국은 주로 노지 농업 기술이 발전했지만, 한국은 농지 면적이 작아 서로 바라보는 시장이 다를 것으로 판단했다. 존 디어(John Deere)의 자율주행 트랙터가 아무리 좋아도 한국에선 굳이 높은 비용을 들여 구매해 사용할 필요는 없다.

하지만 이러한 우려와 달리 미국에서 꽤 많은 사람을 취재할 수 있었다. 사실 놀랐다. 농업이라고 해서 농업 기업만 취재하면 될 줄 알았는데 반도체, 자율주행, 로봇 등 첨단 기술을 공급하는 기업에서 농업 분야를 꽤 중요한 시장으로 보고 있었다.

왜 기술 기업은 농업에 진심일까

그렇다면 미국은 왜 농업에 진심일까? 다시 얘기하지만 미국은 자본주의 끝판왕이다. 돈이 될 수 있는 시장에 투자한다. 빅테크 기업이야 사업 하나가 실패해도 상관이 없지만, 스타트업 기업은 사업이 실패했을 때 여러 직원의 생계가 끊길 위험이 있다. 이 때문에 시장을 냉정하게 분석해 사업 방향을 정한다. 이번 취재에는 스타트업 기업이 많았다. 농업 분야를 냉정하게 분석해 사업 가능성이 크다고 판단한 기업이 그만큼 많았다는 것을 증명한다.

기업이 사업 가능성을 정할 때 주요 평가 항목은 시장의 수요다. 아무리 기술을 잘 만들어도 필요로 하는 이가 없으면 팔리지 않는다. 수요가 있어야 그 산업이 성공할 수 있다. 농업은 지금 기술에 대한 수요가 크다. 적은 노동력으로도 더 많은 성과를 낼 수 있는 기술을 원한다.

지금 농업은 위기다. 세계 곳곳의 농산업은 빨간불이 켜진 상태다. 우선 사람이 없다. 은퇴를 앞둔 농부들은 많은데 새롭게 유입되는 농부는 적다. 청년 중에 농부가 되길 원하는 이들은 극히 드물다. 한때 유행처럼 번졌던 귀농 인구도 줄고 있다. 한국농촌경제연구원이 2021년 발간한 『농업전망』(2021)에 따르면, 65세 이상 농가 인구 비율은 지속 증가하는 반면, 40세 미만 경영주가 있는 청년 농가 비율은 계속 줄었다. 2000년 21.7%였던 65세 농가 인구 비율은 2019년 48.1%로 두 배 이상 증가했다. 이에 반해 40세 미만 경영주가 있는 농가 비율은 2000년 6.6%에서 2019년 0.7%로 쪼그라들었다. 심지어 1%도 되지 않았다. 귀농 · 귀촌 인구도 줄었다. 2017년 1만 9630명에서 2018년 1만7856명, 2019년에는 1만6181명으로 계속 감소했다. 2017년 말 기준 농가의 65세 이상 고령층 비율은 42.5%로 전국 평균인 13.8%보다 3배 높은 상황이다. 그만큼 은퇴를 앞둔 농부는 많지만, 이들의 자리를 채워 줄 이들은 적다고 볼 수 있다. 미국도 상황은 마찬가지다. 미국의 농장 경영주의 평균 연령은 57.5세다. 한국보단 젊다고 볼 수 있지만 농업인의 고령화 현상은 지속 심화하고 있다.

또 다른 문제는 농사를 지을 땅이 줄어들고 있단 점이

다. 택지 개발과 산업화로 농지 면적이 다른 용도로 활용되는 경우가 많다. 또 기후 문제로 땅이 더 이상 농사를 지을 수 없는 환경으로 바뀌고 있다. 토양 황폐화와 사막화, 해수면 상승으로 인한 염수 침입 등의 문제가 발생 중이다. 농사를 지을 땅이 사라지고 있는 것이다.

문제는 또 있다. 농업은 재해에 취약하다. 가뭄이나 태풍 등 자연재해가 발생하면 한 해 농사를 망칠 수 있다. 감염병이 돌면 가축을 폐사해야 하기도 한다. 재해에 직접적으로 노출된 산업이 바로 농업이다.

농업의 위기는 남의 일이 아니다. 모든 사람에게 직접적인 영향을 끼친다. 사람은 먹어야 한다. 그런데 농업에 종사하는 인력이 줄고, 농사 지을 땅이 사라지고 지구 온난화 등의 환경 문제로 자연재해 등이 계속 발생한다면 식량은 계속 줄게 된다. 스마트폰을 몇 번만 터치하면 음식이 배달되는 세상에서 먹을 게 없어진다는 위기는 공감되지 않을 수 있지만, 이미 우리는 식량 부족으로 인한 위기를 여러 번 겪었다. 일부 농작물이 부족해 음식이 제대로 제공되지 않거나 가격이 급상승하는 경우가 발생하는 것을 자주 겪는다. 햄버거 집에서 감자튀김을 팔지 않는 사례가 대표적이다. 감자가 부족해 햄버거 세트에서 감자튀김 대신 다른 제품을 주거나 음료를 무료로 주는 경우가 자주 발생하고 있다. 국내 브랜드의 경우 자연재해 등으로 인해 한 해 생산되는 감자량이 줄어 일정 기간 감자튀김을 제공하지 못했다. 일부 해외 브랜드는 미국에서 감자를 수입해 사용해야 하는 규정이 있는데, 원활한 공급이 되지 못해 잠시 감자튀김을 판매하지 못하는 일이 발생했다. 문제는 이러한 상황이 발생하는 빈도가 점점 늘어나고 있다는 점이다.

가장 복잡한 산업, 농업

"사과 가격이 완전 금값이네. 비싸서 못 먹겠다. 이렇게 비싸면 다른 나라에서 수입을 좀 하지. 그저 손 놓고 있으면 되나."

농산물의 가격이 급격하게 오를 때 주변에서 쉽게 들을 수 있는 불만이다. 농산물 가격은 일정하지 않다. 보통 공급이 부족할 때, 혹은 수요가 커질 때 농산물 가격은 급등한다. 수요가 높은데 공급이 부족하면 그 가격은 천정부지로 오른다.

공급 부족은 해당 농산물을 많이 경작하지 않았거나 재해로 인해 농산물이 크게 줄었을 때 발생한다. 지금 한국은 지속적인 농산물 공급 부족 문제에 놓여 있는데, 농사를 지을 인력과 땅이 줄어들고 있어서다. 수요가 커지는 상황은 많은 사람이 같은 농산물을 원할 때 생긴다. 명절 때 제사상에 올라가는 과일, 배는 많은 사람이 구매하므로 수요가 늘어난다. 김장철엔 배추나 무 등 김치 재료에 수요가 높다. 그런데 김장철에 배추가 없다면? 명절이 다가왔는데 사과가 부족하다면? 당연히 가격은 오를 수밖에 없다.

그러면 정말 농산물을 수입하면 되지 않을까? 보통 공급 부족 현상이 생기면 해외에서 수입해 물량을 맞춘다. 어떤 품목의 수입량을 늘려 시장이 불완전해지는 현상을 막는다. 그런데 농산물은 그렇게 할 수 없다. 국가에 수출할 수 있는 품목과 양이 정해져 있어서다. 일본에서 사과를 수입한다고 가정하면, 한국에 수출할 수 있는 농장이 따로 있다. 그곳에서 재배한 상품만 한국에 수출할 수 있다. 다른 곳에서 재배한 농산물은 수출이 금지된다. 한국에서 먹는 해외 음식의 재료가 어디서 공급됐는지를 명확하게 알기 위함이다. 식중독과 같은 문제가 생기면 무엇을 먹어서 피해가 발생했는지, 또 어디에 같은 상품이 공급됐는지를 역추적해야 한다. 그래야 피해 확산을 막을 수 있다. 해외에서 수출한 굴로 인해 심각한 피해가 발생했다면, 그 굴의 수입을 막아야 하고 또 어디에서 이 굴을 수입해 음식에 활용했는지를 알아야 한다.

이 조치를 명확히 하기 위해 농산물은 수출과 수입이 까다롭다. 사과 값이 천정부지로 올라도 수입을 통해 공급 수량을 맞추지 못하는 이유다.

농업의 위기를 극복하기 위해 농사를 개별적인 사람인 농부가 하는 것을 넘어, 전문 기업이 해야 한다는 의견도 제시되고 있다. 아예 기업에서 많은 농장을 운영해 농사를 책임지면 어떻겠냐는 의견이다. 하지만 이 역시 쉽지 않다. 기업에 쉽게 이윤을 남길 수 없어서다. 농업은 계절에 따라 성수기와 비수기가 있다. 겨울철엔 농사를 짓지 않는다. 일이 없다. 그런데 기업에서는 직원들에게 계속 월급을 줘야 한다. 한 해 농사가 실패할 확률도 있는데 여기에 비수기 때 고정적인 지출이 발생하는 것은 경영자에겐 부담이다.

기업의 농장 경영은 소비자에게도 위험 요소가 있다. 일부 기업에서 농산물을 독점하게 되면 사람의 먹을거리가 기업의 손에 좌지우지되는 상황이 발생할 수 있어서다. 그만큼 농업은 다른 어떤 산업보다 복잡한 이해관계에 놓여 있다. 가장 단순해 보일 수 있는 산업이지만, 어쩌면 가장 복잡한 산업이 바로 농업이다.

첨단 기술의 집약체, 농업

방법은 있다. 농부에게 최첨단 장비를 공급하면 된다. 과거 인류가 손도끼를 만들고 이를 넘어 곡괭이, 호미 등을 만들었던 것처럼 더 좋은 장비를 개발해 공급하면 된다. 기술 수준을 높이면 되는 것이다.

미국에서 많은 기업이 농업을 주요 시장으로 보는 이유도 여기에 있다. 지금 농업은 기술 발전이 필요한 시기다. 일부 국가의 이야기가 아니라 모든 국가에 기술 발전이 필요하다. 이 때문에 농업의 가능성을 보고 사업을 운영하는 기업이 첨단 도시라 불리는 실리콘밸리에도 많았다.

처음 취재 계획을 세울 때 걱정했던 것과 달리, 이들 기업이 쉽게 문을 열어 준 이유도 한국도 분명히 식량 위기를 겪고 있고 이를 해결할 기술을 수출할 수 있다는 판단이 있었기 때문이었다. 실제로 인터뷰에선 갑자기 훅 제안이 들어오기도 했다. "지금 한국 농업이 관심 있는 분야는 무엇인가. 현재 농업 연구에 우리 제품을 시범적으로 쓸 수 있느냐"는 질문이 나오기도 했다.

지금 전 세계 농업 기술 수준은, 분야에 따라 다르겠지만, 크게 높지 않다. 여전히 미국에서는 과수를 수확할 때 1970년대에 사용하던 장비를 사용한다. 과수를 따기 위해 나무를 막 흔드는 기계다. 이 책에서만 얘기하지만 참 무식한 방법이다. 마구 흔드는 동안 나무가 망가질 수 있고 과수가 떨어지게 되면 상품이 손상될 수 있다. 하지만 워낙 따야 할 과수가 많아 이 방법을 이용하는 것이다.

이 무식한 방법을 똑똑하게 만들기 위해서는 많은 기술 연구가 필요하다. 손도끼가 곡괭이로 바뀌었을 때도 상당한 기술 혁신이었겠지만, 지금은 그 이상의 발전이 이뤄져야 한다. 예를 들어 나무를 흔드는 기계가 똑똑해지려면 얼마나 흔들어야 나무에 손상이 되지 않으면서 과수를 잘 딸 수 있는지 계산해야 한다. 나무는 모양과 크기가 모두 다르므로 나무마다 흔드는 기준점을 찾아야 한다. 이를 위해서는 기계가 나무를 얼마나 어떻게 흔들 때 효과적인지 기존 데이터를 다 학습하고 그 많은 데이터를 재빠르게 계산할 수 있어야 한다. 빅데이터, 인공지능(AI) 등 흔히 첨단 기술이라 불리는 기술들이 다 필요한 것이다.

실제로 농업에 들어가는 기술들은 복잡하다. 자율주행이라도 자동차와 농기계는 다르다. 농기계는 자동차처럼 많은 곳을 빠르게 다니진 않지만 유의해야 할 점이 많다. 농작물을 망쳐선 안 되고 농기계가 최적의 작업을 할 수 있도록 주행할 수 있어야 한다. 게다가 농기계가 작동하는 곳은 GPS신호(자기 위치 감지 신호, Global Positioning System)가 잡히지 않는 곳이 많다. 한국만 봐도 농사는 산이나 시골에서 짓는다. 통신이 원활하지 않은 환경에서 어떻게 안전하게 자율주행을 할 수 있는지를 판단해야 한다. 자동차와 또 다른 점은 농기계는 도로를 다니지 않는다. 안전하게 주행하려면 카메라 등의 센서를 통해 주변의 사물과 사람을 감지해야 하는데 도로보다 감지해야 할 것이 많다. 농작물은 물론 낙엽, 바위 등 다양한 사물을 보아야 한다. 게다가 농기계는 자동차처럼 운행만 하는 것이 아니다. 실제로 작업을 한다. 땅을 일구기도 하고 농작물을 심기도 한다. 그만큼 자율주행 센서나 주변 객체를 탐지하고 판단하는 반도체의 내구성이 높아야 한다.

실리콘밸리에서 만난 반도체 기업들은 내구성이 높으면서 효율적인 자기 위치 감지 기술과 반도체를 만들고 있었다. 농기계나 심지어 잠수함에도 탑재할 수 있는 칩들이다. 그만큼 농업에 탑재하는 기술의 수준은 높다. 첨단 기술의 집약체가 바로 농업이라고 볼 수 있다.

첨단 기술 옷 입는 농업, '한복'은 준비됐다

한국은 특히 농업 기술이 발전해야 하는 국가다. 고령화가 빠르게 진행되고 있어 많은 분야에서 인력 부족 현상이 예상된다. 농사를 지을 인력은 더 부족해진다는 것을 뜻한다. 또 한국은 농사를 지을 땅이 적다. 영토가 작기도 하고 빠른 도시화로 농사를 지을 땅이 많이 줄어들었다. 이 문제를 해결하기 위해 한국에서 집중하고 있는 분야는 시설 농업이다. 비닐하우스나 첨단 온실을 만들어 사시사철 농사를 지을 수 있는 환경을 만들고 있다. 특히 수직 농업에 관심이 높다. 면적은 작지만 건물을 높게 지어 아파트와 같은 농사 시설을 만들고 있다. 적은 공간이어도 층층이 농사를 짓기 때문에 면적 대비 효율이 크다.

이 시설들은 사람이 주변 환경을 통제한다. 빛, 온도, 습도, 바람 등을 모두 식물이 자라기 좋은 환경으로 만든다. 다 사람이 조절하다 보니 들어가는 기술도 많다. 사람이 모든 환경을 다 통제할 수 없으니 이를 자동화하기 위한 기술부터 식물이 잘 자라고 있는지 관찰하고 평가하는 기술 등이다. 마치 우주선에서 농사를 지을 수 있는 환경을 구축해 놓는다고 보면 된다.

이러한 농사법을 발전시키는 한국은 기술 연구와 상용화에 선두 위치에 서야 하는 과제를 안고 있다. 다행히도 한국은 이러한 기술 연구에 앞장섰다는 평가를 받는다. 미국 스탠퍼드대학교에 근무하는 교수를 인터뷰할 당시, "이미 한국은 시설 농업이나 축산 분야에서 잘하고 있지 않나요?"란 질문을 받았다. 노지 농업은 미국이 충분히 잘하지만, 시설 농업에선 한국이 경쟁력이 높다고 평가한 것이다.

한국 농업 AI 기술을 취재하면 공감되는 내용이다. 한국 농업 연구 시설과 대학 및 기업에서는 시설 농업, 수직 농법 등에 관한 다양한 연구를 하고 있다. 식물이 자라기 좋은 최적의 환경을 사람의 개입 없이 자동으로 구축하는 기술부터 농장 곳곳에 설치된 카메라에 찍히는 영상을 토대로 농작물에 어떤 이상이 있는지 분석하는 기술 등은 이미 많이 고도화됐다고 평가된다. 재배한 농작물의 상태를 분석해 등급을 구분하는 등의 기술도 많이 쓰인다. 축산 분야에서도 소나 돼지의 상태를 모니터링해서 이상 여부를 분석하거나 적절한 사료 공급을 통해 메탄가스를 줄이는 기술도 개발됐다.

최근에는 초거대 AI 기반 생성형 기술도 만들어지고 있다. 신입 농부들은 작물 상태가 이상할 때 경험 많은 농부만큼 알지 못한다. 경험에서 나오는 지식이 부족하다. 그럴 때마다 주변에 사는 경험 많은 농부에게 뛰어가

물어볼 수도 없는 상황이다. 이에 경험이 많은 농부의 지식을 학습한 생성형 AI 모델이 개발되고 있다. 농사에 관한 논문, 책 등의 데이터뿐 아니라 기존 농부들의 지식을 데이터로 만들어 초거대 AI처럼 거대 모델에 학습시키는 연구가 진행 중이다. 이를 토대로 만들어진 생성형 AI는 농업 전문 챗봇으로 활용할 수 있다. 농부들이 궁금해하는 내용을 텍스트 방식으로 질문하면 정확한 정보를 상세하게 알려 주는 AI 챗봇이 만들어지는 것이다. 농작물 상태가 이상한 경우 농부가 이를 텍스트로 일일이 설명하기 어려우므로 촬영한 사진을 올리면 이를 알려 주는 방법으로도 활용할 수 있다. 한국은 초거대 AI 관련 기술을 보유하고 있고, 생성형 AI 관련해서도 여러 산업 분야에서 이미 성공 사례를 보유하고 있어 가능한 일이다.

농업 기술, 일방통행은 안 된다

기술을 만들고 있고 어느 정도 완성했다고 해도 사실 안심할 순 없다. 정말 농부에게 필요한 기술인지 봐야 하고, 농부가 사용할 수 있는지도 검토해야 한다. 아무리 잘 만든 기술도 사용자가 없어선 무용지물일 뿐이다.

기술 기업들이 자주 범하는 오류는 소비자의 관점을

생각하지 않고 기술력만 고집한다는 것이다. 초기 인터넷 시대에는 여러 포털 사이트가 있었다. 그러나 지금은 구글이 검색 시장을 독점하다시피 하고 있다. 마이크로소프트(MS)가 오픈AI에 투자하면서 '빙(Bing)'이 새로운 검색 강자로 발돋움하려고 하지만 쉽지 않다. 국내에서도 과거 여러 포털 검색 사이트가 있었지만 지금은 네이버, 다음 정도밖에 없다. 많은 검색 포털 사이트들이 시장에 뒤처진 것은 기술 트렌드와 사용자 경험 변화에 민첩하게 대응하지 못했기 때문이다. 야후의 경우 검색 엔진 기술에서 구글에 뒤처졌고, 소셜 미디어의 부상에 적절하게 대응하지 못하면서 시장에서 뒤처진 대표 포털 사이트다. 스마트폰도 마찬가지다. 과거에는 애플, 삼성 외에 여러 스마트폰 제조사가 있었지만, 터치스크린 시대에 키보드만 고집하는 등 시대의 변화에 부응하지 못한 기업들은 시장에서 사라지고 말았다.

농업에서 소비자는 농부다. 농부의 시선에 맞춰 기술 트렌드를 맞추고 시장의 변화에 부응해야 한다. 이들이 필요로 하는 기술, 사용하기 쉬운 기술을 보급해야 한다.

이번 인공지능총서 중 농업을 주제로 하는 『농업과 AI』는 AI 기술이 실제로 농부와 국민 모두에 어떤 이익을 가져올지를 고찰해 보는 내용을 담고 있다. 농업 선진국인 미국을 비롯해 국내 이곳저곳에서 준비하고 있고 상용화하고 있는 농업 관련 AI 기술을 모았다. AI 기자의 취재기이자 농업 기술의 양방향 소통을 지원하는 통로가 되길 바란다.

01
식량 위기 속 AI

먹을 게 부족해진다. 스마트폰으로 주문한 음식이 30분 안에 배달되고, 온라인으로 주문한 식료품이 당일 배송되는 첨단 시스템을 갖춘 현 사회의 숨겨진 이면이다. 현대 사회는 먹을 게 넘쳐나는 '풍요의 시대'로 대변된다. 주요 역세권과 인구 밀집 지역에선 20걸음만 걸어도 다른 음식점이 보인다. 종류도 다양하다. 고기, 채소, 과일 등 먹을 게 넘쳐난다. 먹을 것이 부족해 영양실조를 걱정해야 했던 과거와 달리, 비만으로 인한 만성질환을 걱정하는 사람이 많다. 그런데 정말 우리는 풍요의 시대에 살고 있을까.

AI와 1인 창업?

현실로 다가온 식량 안보 위기

한국은 식량 수급에 해외 의존도가 높은 국가다. 『농림축산식품부 국정감사 자료』(2020)에 따르면, 우리나라의 식량 자급률은 50%도 되지 않는다. 2010년 54.1%로 그나마 절반 이상을 유지했던 식량 자급률은 약 10년 뒤인 2019년 45.8%로 줄었다. 국민이 먹는 식량 중 절반 이상은 해외에 의존하고 있는 신세다.

식량 수급을 해외에 의존하게 되면 식량 안보 문제를 겪게 된다. 국가는 국민이 항상 일정한 수준의 식량을 소비할 수 있도록 적정 식량을 유지해야 한다. 태풍과 같은 자연재해가 발생하거나 전쟁이 발발했을 때에도 마찬가지다. 그런데 식량 수급에 해외 의존도가 높으면 전 세계적으로 천재지변이 발생했을 때 그만큼 식량 확보가 어려워진다.

코로나19로 인한 팬데믹 사태가 대표 사례다. 당시 일부 국가들은 감염병 확산을 막기 위해 나라 간 이동이 제한되자 식량 안보를 명분으로 곡물 수출 제한 조치를 발동했다. 세계 3위 쌀 수출국인 베트남은 쌀 수출을 금지했고, 캄보디아는 벼 수출을 중단했다. 러시아 역시 밀과 쌀, 보리 등 모든 곡물에 대한 수출을 금지했다. 세르비아, 카자흐스탄, 파키스탄 등도 주요 작물 수출을 막았다. 사태가 지속됐다면 곡물 수입 의존도가 높은 국가엔 식량 부족이 현실로 다가올 수 있는 상황이었다.

식량 안보 문제가 가시화되자 일본, 중국 등 우리와 가까운 국가들은 행동에 나서고 있다. 중국은 '식량안보보장법'을 2023년 제정했고, 일본은 식료안전보장 확보를 명문화한 '식료 · 농업 · 농촌기본법' 개정을 2024년 5월 단행했다. 밀 · 콩 · 옥수수 등 주요 곡물의 자급률을 높이는 것이 목표다.

우린 왜 먹지 못할까?

그렇다면 식량 자급률이 계속 줄어드는 이유는 무엇일까, 왜 우리는 식량을 많이 생산하지 못할까? 여기에는 근본적인 문제가 있다. 지속적인 농가 인구 감소와 환경 문제다.

한국의 농가 인구는 지속 감소하고 있다. 식량을 생산할 노동력이 줄어드는 셈이다. 한국농촌경제연구원이 발표한 『농업전망』(2021)에 따르면, 2000년 한국 농가 인구는 403.1만 명이었다. 하지만 약 20년이 지난 2019년엔 절반 수준인 224.5만 명으로 줄었다. 곡물을 생산하는 인구가 20년 만에 절반 가까이 줄어든 셈이다. 농가 인구 감소 추세는 계속돼 2030년엔 187.4만 명이 될 것으로 전망된다.

문제는 가뜩이나 줄어든 농가 인구 중에서도 실질적으로 일할 수 있는 인력은 더 없어지고 있다는 점이다. 농가 인구를 연령별로 찾아보면 65세 이상 인구는 증가하는 반면, 40세 미만 경영주가 있는 청년 농가 비율은 감소하고 있다. 실제로 65세 이상 농가 인구 비율은 2000년 21.7%였지만, 2019년 48.1%로 늘었다. 반면, 청년 농가 비율은 2000년 6.6%에서 2019년 0.7%로 크게 줄었다. 귀농·귀촌 인구도 2017년 1만9630명에서 2018년 1만7856명, 2019년 1만6181명 수준으로 감소하고 있다.

환경 문제도 식량 위기를 초래하고 있다. 지구온난화로 인한 기온 상승은 농지 면적 감소에 직접적인 영향을 준다. 기온 상승은 비정상적인 강수 패턴과 잦은 가뭄 현상을 일으키고, 이 문제는 토양 황폐화와 사막화로 이어진다. 그만큼 경작지의 비옥도는 떨어지고, 농지 면적은 줄어들게 된다. 해수면 상승도 문제다. 해안가 농지에 염수 침입 문제가 발생해 농지 면적을 줄이고, 기존 작물 성장에 피해를 일으키게 된다. 삼면이 바다인 한국은 염수 침입 문제에 더 취약하다.

환경 파괴로 인한 기후 이상 현상도 식량 생산에 위기

를 불러온다. 가뭄, 폭염, 홍수, 이상 건조, 이상 추위 현상은 잘 성장하던 작물에 피해를 입힌다. 실제로 미국은 2010년과 2012년 가뭄으로 밀, 옥수수 생산 감소 위기를 겪었고, 파키스탄은 2010년 홍수로 쌀 생산량이 급감했다. 헝가리, 루마니아, 체코, 그리스, 이탈리아 등 유럽 국가는 2012년 폭염으로 옥수수 생산량이 줄었다.

식량 위기 해결사로 등장한 AI

식량 위기 문제에 떠오르고 있는 기술은 AI다. 스마트농업 전 단계에 스며들어 식량 생산량을 높이고 농업을 자동화하는 데 기여하고 있다.

농업 위기 문제에 인류가 꺼낸 카드는 스마트농업이다. 부족한 노동력을 메꾸기 위해 농사를 자동화하고, 줄어드는 농지 면적을 보완하기 위해 시설 농업과 같은 기술을 연구했다. 한국은 2013년 "농림식품과학기술 육성 중장기계획"(2013~2022)을 수립하며 스마트팜 보급과 연구개발(R&D)에 나섰다. 이 계획에서는 스마트팜을 기술 적용에 따라 3단계로 구분했다.

1단계는 원격 제어다. IT 기술을 활용해 시설의 환경 정보를 모니터링하고, 농업인이 스마트폰 등을 활용해 시·공간에 제약받지 않고 직접 농업을 원격 제어할 수 있는 수준의 자동화 시설 구축을 목표로 한다. 2단계는 데이터를 기반으로 한 자동 제어다. 빅데이터와 AI, 사물인터넷(Internet of Things, IoT) 등 지능정보기술을 활용하는 초보적인 데이터 기반 스마트팜 모델을 뜻한다. 생육 정보 모니터링 등의 연구가 진행되고 있다. 3단계는 완전 무인화 · 자동화 단계다. AI, 로봇, 신재생에너지 등 첨단 기술 간의 융합을 통한 스마트팜 모델로, 농부가 경험이나 기술, 노하우가 없어도 정확한 데이터를 기반으로 농업 생산량을 높일 수 있는 것을 목표로 한다.

현재 한국은 스마트팜 선도 농가나 농업 단지를 대상으로 3단계 사업을 시범적으로 진행하고 있다. 로봇을 활용한 농작물 데이터 수집, 자율주행 트랙터 시범 등이 진행 중이다.

스마트농업 선도 국가인 미국에서는 이미 농업에서의 다양한 단계를 자동화했다. 농기계 기업에서 스마트농업을 대표하는 기업으로 성장한 존 디어는 이미 사람이 탑승하지 않아도 자율주행하며 땅을 일구고, 씨앗을 심고, 작물과 잡초를 구분해 잡초에만 제초제를 살포하는 자율주행 트랙터를 개발했다. 이 기술은 면적이 넓은 미국 농가 위주로 쓰이고 있다. 또 캘리포니아대학교 머세드 캠퍼스(UC Merced) 등 농업을 전문적으로 연구하는 대학교에서는 수확을 자동화하는 연구를 진행하고 있다.

그 중심에는 바로 AI가 있다. 카메라와 같은 이미지 센서가 촬영한 영상을 분석해 씨앗을 심을 곳을 구분하고, 작물과 잡초를 구분하는 데는 AI가 쓰인다. 과수가 제대로 익었는지 파악하는 데에도, 트랙터가 농지 면적을 이해하고 주변에 사람과 사물을 피해 자율주행하는 데에도 AI가 쓰인다.

AI는 여기서 더 나아가 스마트농업의 한계로 꼽히는 세대별, 지역별 기술 격차를 완화하는 데도 쓰일 수 있다. 아무리 좋은 기술도 사용자가 사용하지 않는다면 무용지물이다. 스마트농업도 마찬가지다. 잘 만들어 놓은 기술도 농부가 사용하지 않으면, 혹은 사용할 수 없다면 그 기술은 존재 가치가 없어진다. AI는 농부가 스마트농업을 쉽게 사용할 수 있는 환경을 조성해 줄 수 있다. 스마트폰과 같이 농부가 자주 사용하는 기기에 접목돼 사용 방법을 안내해 주는 등 사용 환경을 친화적으로 바꿔 줄 수 있다.

AI가 사용자 친화 환경을 바꿔 주는 사례는 키오스크에서 찾아 볼 수 있다. 최근 식당이나 카페에선 키오스크가 흔히 보인다. 청년들은 쉽게 주문하지만, 어르신들은 사용이 익숙하지 않다. 점심시간처럼 인파가 몰리는 시간이면 빠르게 주문하지 못해 진땀을 흘리시는 어르신을 종종 볼 수 있다. 이 문제를 해결하기 위해 최근 AI 기업은 키오스크에 가상 인간을 탑재하거나 주문 방법을 AI로 알려 주는 기술을 적용하고 있다. AI가 사용자가 쓰기 어려워하는 기술을 쉽게 쓰일 수 있게 만들어 주는 것이다.

이처럼 AI는 스마트농업 환경 구축에도 또 기술 활용에도 조력자 역할을 하고 있다. AI를 식량 위기 해결사로 칭한 이유다.

참고문헌

대한민국정책브리핑. 농립식품과학기술 육성 중장기계획 수립(2013~2022). 농림축산식품부. https://www.korea.kr/briefing/pressReleaseView.do?newsId=155906385

이태영(2023.2.28). 『2022 농림식품 기술수준평가 보고서』. 농림식품기술기획평가원.

한국농촌경제연구원(2021.1.20). 『농업전망 2021: 코로나19 이후 농업·농촌의 변화와 미래』. 한국농촌경제연구원.

02

애그테크와 AI

우리는 농사를 언제부터 시작했을까. 한반도에서 농사가 시작된 것은 기원전 3000년 이후다. 신석기 시대 중기 무렵부터 농사가 시작됐다. 이후 농업은 여러 변화를 불러왔다. 맨손으로 시작된 농사에 도구가 사용됐고, 소와 같은 동물을 이용하기도 했다. 그다음엔 다양한 기계가 등장했다. 경운기, 트랙터와 같은 차량부터 사과를 수확하는 기계가 등장했다. 그리고 지금 농업은 또다시 변화의 중심에 섰다. 바로 애그테크(AgTech)다.

AI와 MBTI?

애그테크 시대가 왔다

'애그테크(AgTech)'는 '농업(Agriculture)'과 '첨단 기술(Technology)'을 결합한 합성어다. AI와 사물인터넷(IoT), 빅데이터, 머신러닝, 드론, 로봇과 같은 첨단 기술을 농산물의 파종부터 수확까지 전 과정에 적용하는 것을 뜻한다. 스마트팜이나 스마트농업을 통칭하는 용어라고 볼 수 있다. AI, IoT, 빅데이터 등 4차 산업혁명 기술이 고도화하면서 이 기술을 다시 1차 산업인 농업에 접목하는 것이 애그테크다.

애그테크는 식량 안보 강화, 환경 보호, 농업 생산성 향상을 목표로 한다. 유엔(UN)의 세계 인구 전망 보고서에 의하면, 전 세계 인구는 2050년까지 약 97억 명에 도달한다. 2022년 약 80억 명보다 21% 이상 증가한 수치다. 이 인구를 감당하려면 지금보다 약 70% 많은 식량이 필요하다. 하지만 농업에 종사하는 인구는 줄고 있고 농지 면적 역시 작아지면서 기술로 식량 생산을 높일 방법이 필요해졌다.

미래 인구를 위해 농업으로 인한 환경 오염을 방지하는 것 역시 중요하다. 물과 토양을 이용하는 농업은 비료나 제초제 등 화학 물질을 과도하게 사용하면 환경에 부정적인 영향을 준다. 이산화탄소와 이산화질소를 배출해 지구온난화를 촉진할 수 있어서다. 가축 사육에서 나오는 메탄은 이산화탄소보다 강력한 온실가스와 마찬가지로 지구온난화와 기후 변화에 영향을 주고 있다. 물을 많이 사용하는 것도 문제다. 농업은 세계적으로 인간이 사용하는 담수량의 약 70%를 차지한다. 관개 시스템을 통해 많은 물이 농경지로 이동해 지하수 층이나 하류 지하수의 고갈을 초래할 수 있다. 또 과도한 관개는 토양을 염분 과다 상태로 만들어 오히려 식물 성장을 방해하게 된다.

애그테크는 AI, 데이터, GPS, 드론 등의 기술을 활용해 작물과 토양 상태, 기상 패턴을 모니터링하고 최적화해 정밀 농업을 가능케 한다. 작물에 가장 적절한 온도, 습도, 일조량, 풍향 등을 자동으로 조절하고, 작물에 어떤 비료를 줬는지 등에 관한 상세 정보를 확인해 수확 시기를 예측하거나 과일의 당도를 끌어 올릴 수 있다. 로봇이 농장 잡초를 제거하거나 비료와 살충제를 살포하는 것도 가능하다. 농업 자동화가 실현되는 것이다.

이를 통해 농부는 비료와 제초제를 적당량만 사용하고, 스마트한 관개 시스템으로 물 사용량을 조절해 환경 문제를 줄일 수 있다. 또 부족한 일손을 채우면서 식량 생산량을 높이고, 무분별한 비료 사용으로 인한 비용 지출을 막을 수 있다. 이처럼 애그테크는 농부, 환경, 소비자, 미래 인류 모두에게 이익을 가져올 수 있는 기술로 꼽힌다.

농부의, 농부를 위한, 농부에 의한 애그테크

애그테크는 '농부의, 농부를 위한, 농부에 의한' 트렌드라고 볼 수 있다. 식량 생산량 증가, 지속 가능한 환경 구축 등 거창한 이유를 제외하더라도 바쁜 농부의 일손을 도울 수 있는 실질적인 해결책이어서다.

2023년 9월 미국에서의 농업 디지털 전환을 주제로 『그로스 아이큐(Growth IQ): 성공을 위한 10가지 경로』의 저자인 티파니 보바(Tiffani Bova)를 인터뷰한 적이 있다. 보바는 IT 분야 리서치 기업인 가트너(Gartner, Inc.)에서 유명 애널리스트이자 연구원으로 10년 이상 근무하고 글로벌 고객관계관리(CRM) 기업인 세일즈포스(Salesforce, Inc.) 등에서 에반젤리스트로 근무했다. 가트너가 애널리스트로 근무할 때 테크 기업들과 농업 기술을 논의하며 기상과 토지를 분석해 어떤 작물을 심으면 좋을지 등을 보완하는 기술과 스마트 트랙터 등에 관해 논의했다.

보바는 인터뷰에서 "애그테크와 같은 농업 디지털 전

환은 농부를 위해서 꼭 필요한 단계"라고 강조했다. 그 이유로는 "농부는 매우 바쁜 직업이기 때문"이라고 했다. "농부는 시간과 시기에 맞춰 수행해야 할 본연 업무가 많다"면서 "이 업무들을 수행하면서도 재고 관리, 납품, 고객 정보 분석 등 신경 쓸 요소가 많고, 이러한 포괄적인 업무를 제때 수행하지 않으면 투입한 노동 대비 수익을 내지 못한다"라고 말했다.

일례로 농부가 수익을 내려면 현재 어떤 작물이 많이 재배되고 있고 어떤 작물이 부족한지 예측해야 한다. 고객이 필요로 하는 정보 역시 분석해야 한다. 이 과정 없이 무작정 농사만 짓다 보면 수요보다 공급이 많은 작물을 재배함으로써 손해를 볼 수 있다.

애그테크는 농부에게 필요한 데이터를 제공해 공급과 수요를 맞출 수 있다. 농부에게 올해 예상되는 인기 작물을 알려 주는 식이다. 농부의 일손을 줄여 이들이 직접 각종 정보를 탐색하는 시간도 마련할 수 있다. 드론, 로봇을 토대로 많은 수작업을 자동화해 농사에 들어가는 농부의 시간을 절약해 주기 때문이다.

그런데 아쉽게도 애그테크 속도는 빠르지 않다. 전반적으로 농업은 디지털 전환 속도가 늦다. 보바는 "미국에서도 농업에서의 디지털 전환은 아직 고도화되지 않았다"고 지적한다. 그 이유 역시 "농부가 매우 바쁜 직업이기 때문"이라고 설명했다.

애그테크를 이루는 지반, AI와 데이터

애그테크를 추진하기 위해 가장 필요한 존재는 데이터다. 사실 데이터는 AI 원료라고도 불리는 존재다. AI 산업에서는 아무리 강조해도 부족한 것이 데이터라고 얘기한다. 데이터가 있어야 AI를 학습시킬 수 있고 유의미한 결과를 낼 수 있어서다. 실제로 디지털 전환은 데이터가 많이 모였기 때문에 가능했다. 인터넷 발전으로 서류에 갇혀 있던 데이터들이 온라인으로 올라왔고, 인터넷, 소셜네트워크서비스(SNS), 센서, 디지털 기기 등에서 취합되는 수많은 데이터가 실시간으로 취합되면서 '디지털 전환'이란 단어가 탄생할 수 있었다.

애그테크도 당연히 여러 데이터가 필요하다. 작물 상태 데이터, 성장 모니터링 데이터, 토양 분석 데이터, 기후 예측 데이터, 작황 현황 데이터, 농부 데이터 등이 있어야 한다. 게다가 농업은 기후나 환경의 영향을 많이 받는다. 지역에 따라 농사를 짓는 환경이 다르고 자라는 작물 역시 다르다. 농장 규모, 시설, 유통망 등도 모두 고려해야 할 조건이다. 이 때문에 농업에 애그테크를 올바르게 구현하려면 지역, 환경에 따른 정밀한 데이터가 필요하다. 이 데이터를 제공할 수 있는 존재는 바로 농부다. 그런데 농부가 일일이 데이터를 만들고 취합할 수 없다. 본연 업무만으로도 바쁘기 때문이다.

미국 농무부는 이 문제를 해결하기 위해 CRM과 같은 '서비스형 소프트웨어(Software as a Service, SaaS)'를 활용하고 있다. 2017년부터 농부와 소비자를 연결하는 플랫폼을 구축해 서로 데이터를 교류하고 인사이트를 확보했다. 이 플랫폼은 2023년 기준 1만 명 이상 농부와 직원이 사용하며 서로 데이터를 교류하고 있다. 여기서 쌓이는 데이터는 애그테크를 위한 원료로 쓰이고 있다.

한국에서도 데이터 취합을 위한 여러 시도가 이뤄지고 있다. 정부 주도 데이터 사업을 하며 농업 데이터를 플랫폼에 모으고 있고, 농업에 특화한 시범 단지를 구축해 거대한 농경지에서 농사를 지으며 IoT와 센서를 통해 데이터를 취합하고 있다. 스마트폰에 AI 애플리케이션을 설치해 농부가 대화만으로 데이터를 취합하는 서비스도 만들었다. 경기도농업기술원은 농부의 실시간 정밀 데이터가 들어가는 '농업 일지'를 음성만으로 작성할 수 있는 서비스를 한국농수산대학교와 같은 대학교와 일부 지역에 시범 도입했다. 경험 많은 농부가 현재 농작물 상태를 분석하고 필요한 조치 등을 얘기하면 애플리케이션에 있는 AI 기술이 이를 자동으로 텍스트로 바꿔 분석하고 저장한다. 애그테크에 필요한 농부의 실질 데이터가 대화만으로 수집되는 것이다.

이렇게 쌓이는 데이터는 애그테크의 지반을 형성하고 있다. 이 데이터들은 단순히 작물의 성장을 돕고 업무를 자동화하는 것을 넘어 농업과 다른 산업을 융합할 수 있다. 헬스 케어 산업을 예로 들면, 사람의 개별 건강 데이터를 분석해 필요로 하는 영양분에 맞춰 식자재를 추천할 수 있다. 사람들은 건강에 이상함을 느낄 때 '몸에 좋은 음식'을 찾아보는데, 이때 실질적인 데이터를 토대로 맞춤형 추천을 할 수 있는 것이다. 여기에는 사람의 유전자 데이터뿐 아니라 작물, 영양소, 유통 등 다양한 농업 데이터가 필요하다. 또 이러한 데이터를 분석하면 농부는 수요가 높은 작물을 생산적으로 재배하게 된다. 데이터를 토대로 한 애그테크가 농업과 다른 산업에 선순환을 가져오는 것이다.

참고문헌

김동원(2023.9.22). [AgTech in 실리콘밸리] ⑤美 농무부가 농부에게 디지털 옷 입힌 비결. THE AI, https://www.newstheai.com/news/articleView.html?idxno=4340

염정섭·한용욱(2015). 『우리나라 농업의 역사』,사계절.

UN Economic Development(2022.7.11). World population to reach 8 billion this year, as growth rate slows. WORLD POPULATION REPORT. UN. https://news.un.org/en/story/2022/07/1122272

03
농기계와 AI

매년 초 미국 라스베이거스에서 열리는 '소비자 전자제품 전시회(CES)'는 한 해 기술 트렌드를 알 수 있는 대표 전시회로 꼽힌다. 그런데 2023년 의외의 기업이 기조 연설자로 나섰다. 농기계 기업인 '존 디어'다. 소비자와 전자제품, 첨단 기술을 키워드로 하는 전시회의 메인에 190년 전통 농기계 제조회사라니. 하지만 존 디어는 곧 그 의심을 불식했다. 다양한 첨단 기술을 탑재한 '자율주행 트랙터'를 선보였기 때문이다.

AI와 난임 극복?

트랙터, AI 뇌를 탑재하다

존 디어의 주력 장비는 사람이 탑승하지 않아도 스스로 작업하는 자율주행 트랙터다. 농부가 경로를 설정하기만 하면 해당 토지에 자율적으로 작업하는 트랙터다. 자동으로 토양을 가꾸고 씨앗을 뿌린다. 또 씨앗이 뿌려진 위치에 자동으로 비료 살포까지 할 수 있다. 존 디어는 소비자 전자제품 전시회(CES) 기조연설에서 이 자동 비료 살포 기능인 '이그잭트샷(ExactShot)'을 사용하면 지금보다 사용하는 비료량을 60% 줄일 수 있다고 밝혔다. 그만큼 농부가 지출하는 비용이 줄고 환경 오염도 방지할 수 있게 된다.

자율주행 트랙터는 하루에 12시간 가까이 트랙터에 탑승해야 했던 농부에게 자유를 줬다. 농부는 트랙터에 업무를 맡기고 피시(PC)와 태블릿, 스마트폰으로 작업 상황을 확인만 하면 된다. 사람의 개입이 필요한 상황이 발생하면 스마트폰으로 자동 알람이 가 24시간 작업 상황을 감시할 필요도 없다.

존 디어는 이 자율주행 트랙터를 개발하기 위해 3년간 미국 농장에서 선별한 1800만 개 이상 이미지를 AI로 학습시켰다고 밝혔다. 또 이상 상황 탐지 시스템을 구축해 학습되지 않은 변수가 발생하는 경우 트랙터가 바로 멈

출 수 있게 설계했다고 했다.

2023년 8월 무쿨 바시니(Mukul Varshney) 존 디어 아태지역 부사장과 자우 웨이(Zhou Wei) 존 디어 아태지역 이사가 국제 AI 콘퍼런스 기조 연설차 방한한 적이 있다. 운이 좋게 이들과 3일간 동행하며 각 일정을 함께했다. 이들과 다니며 존 디어에 관해 여러 이야기를 물어볼 수 있었다. 당시 바시니 부사장은 "존 디어를 더 이상 농기계 기업으로만 생각해선 안 된다"고 강조했다. "우리는 농업 로봇 회사인 '블루 리버 테크놀로지(Blue River Technology)'를 비롯해 여러 IT 기업을 인수 합병하고, 인도에 있는 연구개발(R&D) 센터에서 지속 기술을 개발하며 농업 기술 회사로 거듭났다"며 "농업 혁신을 이룰 수 있는 빅데이터와 이를 기반으로 한 자체 AI 기술, 그리고 그동안 진행한 경험과 노하우를 보유한 명실상부한 농업 기술 기업"이라고 자평했다.

미국에선 농사를 항공모함으로 짓는다?!

존 디어의 자율주행 트랙터가 출현할 수 있던 배경은 미국 농업 환경에 있다. 미국의 대표 농업 방식은 노지 농업이다. 땅덩어리가 큰 만큼, 광활한 밭에서 경작하는 노지 농업이 발전했다. 옥수수밭에 함부로 들어갔다가 실종 사고를 당하는 이들이 있을 정도다. 실제로 2023년에는 여자아이가 옥수수 밭에 들어가 실종돼 적외선 카메라로 찾았고, 80세 할머니도 옥수수 밭에서 실종돼 드론으로 찾은 사례가 있다.

사람이 실종될 정도로 넓은 땅을 농부가 일일이 씨를 뿌리고 작물을 수확하며 관리하긴 힘들다. 이 때문에 미국은 노지 농업 관련 기술을 개발해 왔다. 여기서 최근 주목받고 있는 기술이 AI다. AI는 수많은 데이터를 학습하고 연산해 결과물을 낸다. 작물의 익음 정도, 병충해 감염 여부, 불량 상태 등에 관한 수많은 데이터를 학습해 현재 카메라에서 촬영되는 작물이 어떤 상태인지를 사람에게 제시할 수 있다. 이 구역에 있는 작물들은 비료가 더 필요하고, 다른 구역에 있는 작물은 병충해 피해가 있어 제초제가 필요하다는 등의 의사 결정을 지원할 수 있다.

존 디어의 자동 비료 살포 기능인 이그잭트 샷도 이와 유사한 기술이 쓰였다. 이그잭트 샷은 자율주행 트랙터가 작업을 하며 실시간으로 촬영한 영상을 AI가 분석해 씨앗을 심은 곳을 식별하는 것에서 시작된다. AI가 씨앗이라고 판단을 내리면 자율주행 트랙터는 그 위치에 비료를 자동 살포한다. 자율주행 트랙터를 사람과 비유하면 카메라 센서가 눈, AI가 뇌, 비료를 뿌리는 장치가 손 역할을 하는 셈이다.

노지 농업이 발달한 미국에서는 AI를 비롯한 자율주행, 센서 등의 기술을 트랙터 외 다른 분야에도 접목했다. 농업에서의 항공 모함이라 불리는 '펜트 자버(Fendt Xaver)'다. 이 로봇은 전투에 특화한 항공 모함처럼 전투기를 싣고 다니진 않지만, 정밀 센서를 탑재한 72대의 작은 로봇들을 싣고 다니며 항공 모함 같은 분위기를 낸다.

운송 로봇은 작은 로봇들이 작업할 수 있는 장소에 로봇들을 한 번에 이동시키는 역할을 한다. 작은 로봇의 역할은 씨앗 심기와 작물 데이터 취합이다. 운송 로봇이 농경지에 도착해 문을 열면 작은 로봇들이 자율주행으로 무리를 지어 다니며 씨앗을 심거나 작물을 분석해 데이터를 모은다. 이 자율 로봇 농업 무리는 센티미터(cm) 단위의 정밀도로 씨앗을 심는다. 또 작물이 잘 자라고 있는지, 문제는 없는지 등의 데이터를 취합한다. 농부는 여기서 얻은 데이터를 토대로 쉽게 작물을 관리할 수 있다. AI가 로봇이 취합한 데이터를 분석해 어느 지역의 작물에 제초제가 필요한지, 혹은 비료를 줘야 하는지 농부에게 알려 줄 수 있고, 경험 많은 농부가 직접 데이터를 보고 작물 품질을 높일 수 있다.

이 로봇들은 모두 전기로 동작한다. 이 때문에 트랙터 등 농기계를 이용한 파종 작업보다 에너지를 90% 적게 사용한다. 또 화석 연료를 사용하지 않아 온실가스 배출이 적다. 물론 이 로봇에도 자율주행 기술, 이미지 센서를 활용한 데이터 분석 기술, AI 기반 이미지 분석 기술 등이 탑재됐다.

첨단 기술 적용 어려웠던 '수확' 기계, AI 옷으로 갈아입다

농기계가 기존 구식 옷을 벗어 던지고 첨단 옷을 입고 있지만, 유독 구식 옷에서 벗어나지 못하는 분야가 있다. 수확이다. 지금까지 땅을 개간하고 작물을 심고 비료를 뿌리고 데이터를 취합하는 기술은 크게 발전했지만, 수확은 여전히 첨단 옷을 입지 못하고 있다. 미국에서도 여전히 1970년대부터 쓰였던 '트렁크 셰이커(Trunk Shaker)'를 사용하는 중이다.

트렁크 셰이커는 나무줄기를 흔들어 과일을 떨어뜨리는 장비다. 바닥에 그물이나 수집 장비를 설치하고 줄기에 진동을 줘 과수를 떨어뜨린다. 주로 사과, 배, 호두, 올리브와 같은 과일 수확에 사용된다. 손으로 나무를 따는 것보다 빨라 대량의 과일을 수확할 때 용이하다. 하지만 단점도 있다. 줄기를 마구잡이로 흔들기 때문에 나무에 손상을 준다. 장기적으로 나무의 건강에 부정적 영향을 끼쳐, 수확량 감소나 나무 수명 단축 등의 문제를 야기할 수 있다. 셰이커로 떨어뜨린 과일은 지면에 충격을 받아 손상되기도 한다.

1970년대에 쓰인 장비가 자율주행 트랙터가 등장한 지금까지 쓰이는 이유는 수확 분야에 기술을 접목하는 일은 어렵기 때문이다. 로봇이 돌아다니며 수확물의 데이터를 취합하고, AI가 이를 분석하는 것은 가능하다. 그런데 사람 대신 기계가 작물을 직접 수확하는 것은 어렵다. 과일을 예로 들면, 나무마다 모양이 다 다르고 과일마다 단단함이나 위치가 다른데, 이를 로봇이 개수마다 악력을 조절해 과일을 따기가 힘들다. 과일이 손상될 가능성이 크다. 로봇이 가위나 칼과 같은 도구를 사용한다 해도 로봇이 과일 위치 등을 일일이 파악해 작업을 하기 어렵다. 시간과 비용이 오래 들고, 수확물이 손상될 가능성도 크다. 과일은 수확 시기를 놓치면 상품이 값어치를 잃게 돼 시간이 오래 드는 기술은 활용성이 떨어진다.

이 때문에 현재 미국에선 과수를 수확하는 기술을 AI 기반으로 연구하고 있다. 2023년 6월 미국 캘리포니아에 방문해 레자 에사니(Reza Ehsani) 캘리포니아대학교 머세드 캠퍼스(UC Merced) 기계공학과 교수를 만난 적 있다. 그는 캘리포니아에서도 농업 지역으로 유명한 머세드(Merced)에서 농업 공학, 농산물 생산 및 수확 자동화 기계, 기계 수확 시스템 등을 오랜 기간 연구한 학자다. 현재 그는 AI 기반 과수 수확 연구를 진행하고 있다. 나무 무게, 나뭇가지 구성, 잎의 밀도 등에 관한 수많은 데이터를 AI로 학습시킨 뒤 이를 기반으로 과수를 수확할 때 나무를 똑똑하게 흔드는 방법을 연구했다. 기계로 나무를 흔들어 과수를 떨어뜨릴 때 나무 모양과 크기에 따라 적당량의 흔들림을 AI가 계산해 나무와 과수 손상 없이 수확하는 기계를 개발 중이다. 에사니 교수는 "같은 열매 나무라도 모두 모양이 다르다"며 "이러한 나무 모양과 크기 등의 데이터를 수집하고 AI가 이를 계산하면 나무마다 최적 흔들림 빈도수를 계산할 수 있는 기계를 만들 수 있다"고 말했다. 이어 "이 기술의 핵심은 AI"라며 "나무마다 모양이 다 다르기 때문에 이러한 수많은 데이터는 AI로 분석할 수밖에 없다"고 설명했다.

참고문헌

김동원(2022.1.5). [CES 2022] "농부, 노동에서 해방된다"…존디어,

스스로 농사짓는 자율 트랙터 상용화. AI타임스, https://www.aitimes.com/news/articleView.html?idxno=142357

김동원(2023.8.3). [AgTech in 실리콘밸리] ①미국엔 농사짓는 항공모함이 있다?!. THE AI, https://www.newstheai.com/news/articleView.html?idxno=4209

김동원(2023.8.23). [AgTech in 실리콘밸리] ④"미국엔 '농린이'가 없다, AI가 있을 뿐". THE AI, https://www.newstheai.com/news/articleView.html?idxno=4250

김동원(2023.8.28). CES 주인공 '존디어', 광주에 떴다. THE AI, https://www.newstheai.com/news/articleView.html?idxno=4259

오서연(2023.07.25). 미국 옥수수밭에서 실종된 3살 아이, '적외선 카메라'로 찾았다. 매일경제, https://www.mbn.co.kr/news/world/4949587

04
초보 농부와 AI 농부

"야, 내 짬밥이 얼만데!" 직장에서, 혹은 학교나 군대에서, 아니면 취미 생활 장소에서 한 번쯤은 들었을 법한 말이다. 여기서 '짬밥'은 경력이나 경험, 연륜을 뜻하는 은어다. 우리는 살면서 이 짬밥을 무시할 수 없다. 일례로 제조 현장에 경험이 많은 직원은 장비의 소음만 듣고도 부품을 언제 갈아 줘야 하는지 짐작할 수 있다. 몇십 년간 같은 일에 종사하며 얻은 경험 덕분이다. 농업에서 이 경험은 더욱 중요하다. 현재 작물에 무슨 문제가 있는지, 어떤 조치를 해야 하는지를 경험 많은 농부는 쉽게 알 수 있지만, 초보 농부에겐 어려운 과제다.

AI와 사주?

경험 위주 영농 방식, 초보 농부 진입 막는다

도시에 살면서 농촌의 향기를 느낄 수 있는 곳이 있다. 주말농장이다. 이곳에선 사람들이 땅을 조금씩 대여해 옹기종기 농사를 짓는다. 상추와 깻잎을 심기도 하고, 김장철을 대비해 배추를 심는 이들도 있다. 주말농장의 독특한 점은 사람들의 농사 수준을 한눈에 볼 수 있다는 점이다. 비교적 큰 땅을 사람들이 분배해 제각각 농사를 짓는다. 똑같은 땅과 기후 조건에서 어떤 이들은 농작물을 잘 키우는 반면, 어떤 이들은 모종을 심기만 하면 바싹 마르게 한다. 농작물의 다이어트 강사가 아닐까 생각이 들 정도다.

똑같은 환경에서도 농작물이 다르게 성장하는 이유는 물론 농작물 컨디션의 영향도 있겠지만, 사실 농부의 경험 차이가 크다. 농사를 짓다가 도시로 상경한 이들은 주말농장에서 에이스다. 조기축구회에서 동경의 대상인 선수 출신과 같은 존재다. 하지만 농사를 처음 접하는 초보 농부는 모종을 심고 언제 물을 줘야 하는지, 작물 상태가 좋지 않으면 그 이유는 무엇인지 알기 어렵다.

이 같은 경험 격차는 사실 농업에서 큰 문제다. 현재 농업은 고령화 현상이 심하다. 은퇴를 앞둔 농부가 많다는 뜻이다. 농촌경제연구원이 2021년 발간한 『농업전망

2021』에 따르면, 65세 이상 농가 인구 비율은 지속 증가하고 있다. 2000년 21.7%였던 65세 농가 인구는 2019년 48.1%로 절반 이상 증가했다. 2030년에는 60%에 가까울 것으로 전망된다.

그런데 현재 영농 방식은 경험 · 노하우 중심이다. 지금까지 데이터를 바탕으로 한 가이드나 기준 없이 농부의 경험 중심으로 농사를 지어 왔다. 이 방식은 새로 농업에 진입하고자 하는 귀농인과 청년 농업인에게 진입장벽이 되고 있다. 물론 귀농 · 귀촌 정책을 하며 비숙련 농업인과 신규 청년 농업인에게 별도 교육을 지원하는 곳도 있지만, 농업 특성상 날씨, 토양, 온도, 작물 등 고려할 사항이 많아 교육만으로 농업 생산량을 높이기 어렵다.

그렇다면, 경험 많은 농부와 초보 농부의 격차를 채울 방법은 없을까? 여기에 유용한 도구가 바로 AI다.

초보 농부의 경험을 채워 주는 'AI 농부'

AI 모델은 방대한 양의 데이터를 학습해 탄생한다. 이 데이터들을 토대로 분석, 예측, 생성 등을 한다. 농업에 사용되는 AI 모델은 기존 수많은 농업 데이터를 학습한다. 논문, 보고서, 서적을 비롯해 시범 농가에 설치된 센서로

부터 취합되는 데이터 등을 모두 배운다. 이 때문에 AI 농부는 경험 많은 농부보다 많은 정보를 알고 있다. 여기에 더해 최근에는 경험 많은 농부들의 데이터를 얻으려는 시도가 이뤄지고 있다. 농가에 카메라와 같은 센서를 탑재해 농부의 행동 패턴 데이터, 농부의 행동에 따른 농작물 상태 데이터를 취합하고 있고, AI 기반 음성인식 기술로 농부의 대화를 '농업 일지'로 만들고 여기서 필요한 데이터를 취합하는 시도가 이뤄지고 있다. 이 데이터까지 학습하게 되면 AI 농부는 방대한 지식과 경험을 가진 존재가 되는 것이다.

AI 농부는 초보 농부에게 믿음직한 조력자가 될 수 있다. 일례로 AI를 활용하면 농부들이 조기에 파악하기 어려워하는 '수분 스트레스(Water Stress)' 현상을 빠르게 찾아낼 수 있다. 수분 스트레스는 대기 건조, 가뭄, 고농도 염분에 따른 삼투압 상승으로 식물이 수분을 잃게 되어 발생하는 스트레스를 뜻한다. 폭염이 지속되거나 비가 오지 않아 건조한 현상이 이어질 때 발생한다. 식물과 작물 성장에 부정적인 영향을 끼치기 때문에 증상이 발생하면 적절한 수분을 공급하는 등의 조치를 해야 하지만, 경험이 없으면 조기에 증상을 발견하기 어렵다. 이 문제는 AI로 풀 수 있다. 미국에서는 수분 스트레스를 빠르게 감지하기 위해 ETS(Equilibrium Tension Sensor) 모델을 활용한다. 식물의 잎이나 줄기에 센서를 붙여 수분 스트레스를 감지하는 기술이다. 수집한 데이터는 클라우드 기반 시스템으로 전송돼 분석된다. 그런데 ETS는 단점이 있다. 각 나무 생존 능력이나 수분 스트레스에 관한 정밀한 데이터를 보여 주지 못한다. 이 때문에 농부마다 데이터를 해석하는 기준이 다르다. 수분 스트레스에 관한 데이터를 학습한 AI 모델은 이 해석의 기준을 제시할 수 있다. 개인별로 편차가 있는 농부와 달리 정해진 기준에 따라 객관적으로 수분 스트레스 여부를 측정한다. AI가 내놓은 결과물을 해석하면 초보 농부도 경험 많은 농부처럼 작물의 수분 스트레스에 대응할 수 있다.

초보 농부의 행동과 판단을 보조

초보 농부가 경험 많은 농부보다 부족한 것은 지식만이 아니다. 행동, 습관, 순간 판단 등도 부족하다. 숙달되지 않아 작업 속도가 느리고, 시설 농업에서 작물이 빛이 필요하지 않은 상태인데 판단을 잘못해 빛을 계속 쬐게 해 생산성을 떨어뜨릴 수 있다. 개인기 기술과 패스 능력을 갖춘 베테랑 축구선수가 넓은 시야로 이곳저곳 날카로운 패스를 하는 데 비해, 이제 막 축구를 시작한 동호인은 기술이 부족하고 시야도 좁은 것과 유사하다.

이러한 농부의 행동과 판단도 AI가 보조할 수 있다. 흔히 얘기하는 자동화 기술이 농부의 부족한 점을 채울 수 있다. 농기계 발전은 농부의 편의성을 높이고 친환경 생태계를 만드는 데도 유용하지만, 초보 농부의 작업에도 도움을 준다. 존 디어의 자율주행 트랙터의 경우 자동으로 땅을 개간하고 씨앗을 뿌려 주기 때문에 농부가 트랙터 조종에 미숙하고 삽질을 못해도 경험 많은 농부에 뒤지지 않게 농사를 짓게 해 준다.

AI 기반 과수 수확 기술도 경험 많은 농부와 초보 농부의 간극을 줄여 줄 수 있다. AI로 나무마다 최적 흔들림 빈도수를 계산할 수 있어 초보 농부도 나무와 열매를 손상하지 않고 경험 많은 농부처럼 수확을 할 수 있다.

국내에서는 TYM과 같은 농기계 기업이 현재 자율주행 트랙터를 개발해 정밀농업을 할 수 있는 만큼 발전시킨 상태다. 정지 오차 2cm, 작업 오차 7cm 이내의 정밀 작업이 가능하다. 한국에서도 초보 농부가 농기계로부터 도움을 받을 수 있는 길이 열리고 있는 셈이다.

실내 농업에서는 AI 쓰임이 더 많다. AI로 생육 주기에 맞춰 조명을 달리하고 수확 가능 여부를 판단할 수 있다. 농부가 의사 결정할 때 많은 농업 데이터를 학습한

AI가 옆에서 필요한 정보를 제시하는 것을 넘어, 조명과 온도를 알아서 조정하는 농업 자동화가 가능해졌다. 업무가 익숙하지 않아 행동과 순간 판단이 느리고 실수할 수도 있는 초보 농부를 AI가 실질적으로 보조해 준다.

초보 농부의 똑똑한 비서, AI

자율주행 차량은 현재 100% 완전 자율주행이 되지 않는다. 그런데 지금까지 개발된 자율주행 기술은 초보운전자도 경험 많은 운전자처럼 운전할 수 있게 하는 보조 역할을 하고 있다. 첨단 운전자 지원 시스템(Advanced Driver Assistance Systems, ADAS)은 초보 운전자가 차선을 벗어나지 않고, 앞차와 충돌을 방지하면서, 차선 변경할 때 사각지대 차량까지 알 수 있게 해 준다. 이 때문에 초보 운전자는 안정적으로 운전을 할 수 있고, 전체적인 교통사고 발생량도 줄일 수 있다.

농업에서의 AI 역할도 자율주행과 같다. 농업에 관한 방대한 데이터를 공부한 '농업 척척박사'가 초보 농부 옆에서 필요한 조치 사항을 알려 주고 일부 일은 대신해 줌으로써 농부의 이익을 확대하고 식량 생산량도 높일 수 있다. AI가 농업 문턱을 낮추고, 농부 세대교체의 중심 역할을 하는 것이다.

참고문헌

김동원(2023.8.23). 베테랑 농부와 농린이 격차, AI가 줄인다. 디지틀조선일보, https://digitalchosun.dizzo.com/site/data/html_dir/2023/08/23/2023082380156.html

박하늘(2024.5.20). TYM, 트랙터 자율주행 2단계 시험 통과. 농민신문, https://www.nongmin.com/article/20240517500044

한국농촌경제연구원(2021). 『농업전망 2021: 코로나19 이후 농업·농촌의 변화와 미래』. 한국농촌경제연구원.

05
시설 농업과 AI

AI 기술을 농업에 적용하기 가장 좋은 환경은 무엇일까? 노지 농업은 사실 AI 기술을 완벽히 적용하기 어렵다. 날씨, 변화, 토양 조건, 병해충 등 다양한 변수가 있다. 그런데 시설 농업은 다르다. 시설 농업은 온실, 수직 농업, 수경 재배와 같이 밀폐된 공간에서 작물을 재배한다. 외부 환경의 영향을 받지 않고, 사람이 환경을 통제한다. 여기에 AI 기술을 사용하면 전체적인 환경 조건을 정밀하게 제어할 수 있다. 이 때문에 시설 농업은 농업 AI 기술의 집약체라고도 불린다.

AI와 아이돌?

한국엔 왜 시설 농업이 필요할까?

농업의 위기를 가져오는 요인 중 하나는 농사를 지을 땅이 줄어드는 것이다. 한국은 2013년부터 꾸준히 경지면적이 감소해 왔다. 통계청이 2023년 2월 발표한 『2022년 경지면적조사 결과』에 따르면, 2022년 논과 밭을 합친 전국 경지면적은 152만8237헥타르(ha)였다. 전년도인 2021년(154만6717ha)보다 1.2% 줄었다. 감소에는 건물 건축, 유휴지 등의 이유가 컸다. 기존 경작지 중 약 7000ha가 건물 건축지로 쓰였고, 약 6000ha가 사용되지 않거나 방치됐다. 약 10년 전인 2013년(171만1000ha)과 비교하면 국내 경작지는 약 18만ha가 줄었다. 1ha가 약 3025평인 점을 봤을 때 약 5억4450만 평의 경작지가 줄어든 셈이다. 이는 약 25만 개의 축구장 크기와 같다. 가뜩이나 넓지 않은 영토에서 경작지가 줄어들면서 한국은 효율적인 경작 방법이 필요해졌다. 여기에 시설 농업이 대안이 되고 있다.

시설 농업은 밀폐된 환경에서 작물을 재배하는 농업 방식을 뜻한다. 외부 환경 영향을 최소화하고, 인공적으로 작물이 자라기 좋은 최적화된 환경을 제공해 작물 생산성과 품질을 높인다. 여러 층으로 쌓은 구조물 안에서 작물을 재배하는 수직 농업이 대표 사례다. 수직 농업은 작물을 수평이 아닌 수직으로 쌓아 올려 재배하는 방식을 말한다. 넓은 땅이 필요했던 노지 농업과 달리, 운송 컨테이너와 같은 밀폐된 공간에서 작물을 적층으로 쌓아 재배한다. 온실 재배 역시 시설 농업을 대표하는 농업 방식이다. 외부를 투명한 유리나 비닐로 만든 온실에 AI와 같은 디지털 기술을 적용해 외부 환경에 영향을 덜 받으면서 사람이 통제할 수 있는 환경에서 농사를 짓는다.

이러한 시설 농업은 외부 환경에 영향을 받지 않고 연중 안정적인 환경에서 농사를 지을 수 있는 장점이 있다. 컨테이너나 온실 내부의 온도, 습도, 빛의 양을 인공적으로 조절할 수 있다. 계절에 상관없이 연중 작물을 재배할 수 있어서 시장에 안정적으로 식량을 공급할 수 있고, 농가 수익성도 높인다. 장소에 구애 받지 않고 농사를 지을 수 있는 점도 장점이다. 수직 농업은 노지 농업처럼 넓은 땅이 필요하지 않다. 도심에서도 농사를 지을 수 있다. 온실 역시 환경에 영향을 받지 않으므로 노지 농업보다 장소의 제약을 덜 받는다. 1999년 수직 농업 개념을 발표한 딕슨 데스포미어(Dickson Despommier) 교수는 "30층 규모의 건물에서 수직 농업을 적용하면 5만 명이 먹을 식량을 생산할 수 있다"고 밝혔다. 영토가 넓지 않고 농지 면적이 줄어드는 가운데 시설 농업이 식량 생산량을 늘릴 수 있는 전초기지가 되고 있는 것이다.

시설 농업은 도심과 가까운 지역에서 농사가 이루어지기 때문에 유통 과정의 단계도 줄일 수 있다. 소비자에게 신선한 식품을 제공하고, 안전한 유통 공급망을 만들어준다. 미국 농업 회사인 '바우어리 파밍(Bowery Farming)'은 미국 북동부에 있는 뉴저지주 농장에서 수직 농업으로 재배한 딸기를 수확해 처음으로 뉴욕 소비자에게 판매했다. 딸기는 당도가 정점에 이르렀을 때 수확해 소비자가 구매할 수 있는 시점을 48시간 이내로 계산한다. 그런데 미국 내 소비되는 딸기 90%는 미국 서부인 캘리포니아주에서 생산된다. 수확하고 유통하는 시간까지 계산하면 뉴욕에서 소비자가 구매할 때까지 걸리는 시간은 보통 48시간 이상이다. 이에 바우어리 파밍은 뉴욕과 비교적 가까운 뉴저지에서 수직 농업을 진행해 소비자가 신선하고 당도가 높은 딸기를 먹을 수 있는 환경을 마련했다.

AI가 관리하는 농장

시설 농업은 일종의 인간이 만든 농장과 같다. 밀폐된 공간에서 작물을 재배하는 만큼, 사람이 환경을 제어할 수 있다. 노지 농업처럼 태풍, 가뭄, 비 등의 자연환경까지

고려할 필요가 없다. 그런데 이 말을 달리하면, 작물을 키우는 데 사람이 일일이 하나씩 간섭해야 한다는 것을 뜻한다. 온도, 습도, 조명, 이산화탄소 농도, 바람 등을 사람이 일일이 확인하고 조절해야 작물 생산량과 품질을 높일 수 있다.

하지만 사람이 일일이 실내 농장을 관리하기는 힘들다. 그래서 필요한 것이 AI다. 현재 시설 농업에서는 다양한 센서를 탑재해 데이터를 취합하고 있다. 온도, 습도, 조명 상태 등은 물론, 작물 성장 상태, 병해충 발생 여부, 수분 상태, 영양 상태 등의 데이터를 모은다. 이 데이터들을 AI 모델이 분석해 농부에게 피드백을 제공하거나 LED 조도, 습도 등을 알아서 조절한다.

바우어리 파밍은 AI를 기반으로 수직 농장을 통제할 수 있는 운영 체계를 만들었다. '바우어리OS(BoweryOs)'다. 이 운영 체계는 농장에 설치된 센서와 카메라를 통해 수집되는 데이터를 실시간으로 분석하고 조명, 온도, 습도 등을 자동으로 조절한다. 사람이 개입하지 않아도 빛의 강도와 스펙트럼을 조정해 각 작물의 특성에 맞는 최적의 재배 환경을 조성한다. 일례로 특정 작물의 스트레스 징후를 감지하면 자동으로 조명을 조정해 작물 건강을 유지한다. 이를 실현하기 위해 바우어리 파밍은 AI를 활용한 조도 관리 시스템을 개발했다. 농작물의 조도별 생육 과정의 방대한 양의 데이터를 구축한 후 이를 분석할 수 있는 AI 알고리즘을 만들었다. 조도에 따라 식물 상태를 분석해 현재 수분이 부족한지, 혹은 이제 다 성장해 수확해도 되는지 등을 파악하는 알고리즘이다.

이처럼 AI는 시설 농업에 작물이 자라기 좋도록 환경을 최적화하고 실시간 데이터를 통해 작물 상태를 분석 후 필요한 조치 등을 추천할 수 있다. 또 AI는 로봇과 연결하면 농업 업무 자동화도 고도화할 수 있다. 센서를 통해 수집된 실시간 데이터를 AI가 연산해 분석한 후 그 결과를 로봇에 전달하는 식이다. 그러면 로봇은 자동으로 작물을 관리하고 수확하거나 수확한 작물을 사람에게 자동으로 전달할 수 있다. 수확한 작물의 품종을 실시간으로 촬영해 자동 분류하는 것 역시 가능하다. 미국 샌프란시스코에 본사를 둔 수직 농업 회사 '플렌티(Plenty)'는 수직 농업에 AI와 로봇을 모두 적용해 고도로 자동화된 농업 시스템을 운영하고 있다. 씨앗을 심는 과정부터 작물을 관리하는 과정, 수확하는 과정을 모두 자동화해 사람이 투입되는 일을 줄여 노동력 부족 문제에 대응하고 있다.

AI, 시설 농업의 한계를 극복하다

시설 농업은 안정적인 식량 보급, 노동력 부족 해결 등의 장점이 있지만, 단점도 존재한다. 별도 시설이 필요하고 센서, 로봇과 같은 장비와 AI 등의 기술이 탑재되므로 초기 비용이 비싸다. 관리 비용 역시 마찬가지다. 시설 농업은 에너지 소비가 많다. 특히 LED 조명과 난방 시스템은 많은 양의 전력을 요구한다. 여기서 발생하는 운영 비용도 농부가 부담해야 할 몫이다. 정부 지원 등의 사업 없이 농부가 100% 시설 농업을 구축해야 하는 상황이라면, 농업에서 부익부빈익빈 현상이 심화할 수 있다.

그렇다면, 시설 농업에 드는 비용을 줄일 방법은 없을까. AI 기술은 여기서도 쓰일 수 있다. 처음 시설 농업을 구축할 때 가상의 환경에서 시뮬레이션과 모델링 작업을 통해 비용 효율적인 설계 방식을 찾고 자재 등을 추천받을 수 있다. 디지털 트윈처럼 현실 세계를 기반으로 한 물리적 실체의 3차원 가상공간을 만든 후 설계와 운영에서 최적의 방법을 찾는 것이다. 시설 농업을 어떤 방식으로 구성하고, 어떤 식물을 심을지 등의 목표를 설정하면 AI가 기존 데이터를 토대로 여기에 필요한 온도, 습도, 빛 등의 환경 요소를 고려 후 최적의 설계와 운영 방식을 추천할 수 있다. 자동차 업체가 충돌 테스트를 할 때 실제 자동차가 아니라 가상 환경에서 속도별로 얼마나 파손되는지 등을 시뮬레이션하는 것과 유사하다. 실제 자동차로 테스트하게 되면 비용과 시간이 들기 때문에 가상에서 실험 후 최적의 방안을 찾고 있는데, 이 방식을 시설 농업에 적용하면 최적의 운영 방법을 찾을 수 있다.

농업 운영에서도 마찬가지다. AI는 에너지 사용을 최적화하고, 불필요한 에너지 소비를 줄이는 데 도움을 준다. 일례로 AI로 조명과 난방 시스템을 필요할 때만 작동하도록 조절할 수 있다. 장비 고장 역시 AI 기술의 도움을 받을 수 있다. 예측 유지보수 시스템을 통해 장비 고장을 사전에 감지하고 예방하는 것이 가능하다. 센서를 통해 획득되는 진동이나 소음 데이터를 AI가 분석해 이상이 감지되는 경우 농부나 정비사에게 바로 알려 주는 시스템을 구축할 수 있다. 이처럼 AI는 시설 농업 운영과 자동화, 문제 해결 등 다양한 분야에 적용해 사용되고 있다. 국내에서 식량 생산량을 높일 주요 농업 방식인 시설 농업의 보편성을 AI가 키워 가고 있다.

참고문헌

최연구(2015.5.18). [환경칼럼] 수직농장을 미래 먹거리로. 에너지경제, https://m.ekn.kr/view.php?key=135795

통계청 사회통계국 농어업통계과(2023.2.27).
2022년경지면적조사결과. 통계청

06
축산과 AI

2023년 10월 축산 농가를 놀라게 한 사건이 있었다. 제1종 가축 전염병인 럼피스킨이 국내에서 처음 발생했다. 전염병은 축산 농가를 위협하는 요소다. 자칫 잘못하면 키우던 가축을 다 폐사해야 해서다. 가축이 전염됐을 때 조기에 발견하지 못하면 주변에 있는 가축까지 모두 전염돼 축산 농가는 심각한 타격을 입을 수 있다. 하지만 농부가 매시간 일일이 가축을 관리하기는 어렵다. 가축의 이상 현상을 발견했더라도 농가에 수의사가 부족해 발 빠른 조치도 되지 않는 실정이다. 이에 축산업에 AI를 접목하는 연구가 지속되고 있다.

AI와 야구?

감염병 무서운데, 막을 인력이 없다

가축 전염병은 축산 농가를 떨게 하는 존재다. 조류인플루엔자, 구제역, 아프리카돼지열병, 럼피스킨까지 다양한 전염병이 농가를 위협하고 있다. 2023년 10월 국내에서 처음 발생한 럼피스킨은 전국 9개 시도로 확산해 전국에서 신고된 발생 건수만 107건에 달했다. 한우 81건, 젖소 23건, 육우 3건이었다. 일반적으로 럼피스킨에 걸린 동물의 경우 10% 이하는 폐사한다. 회복하더라도 체중이 줄어 도체(屠體, 고기) 손상과 우유 생산 급감 등의 문제가 생긴다. 불임, 유산 등의 문제도 생긴다. 유행이 지속되면 방제, 살처분, 백신 접종 등의 관리 비용이 늘어나고 새로운 양상의 유행이나 변이가 나타날 우려도 있다.

구제역, 조류인플루엔자, 아프리카돼지열병과 같은 감염병도 마찬가지다. 특히 구제역은 공기를 통해 호흡기로 감염돼 전파 속도가 빠르다. 농장 한 곳에서 발생하면 주변 농장으로 급속히 확산할 수 있다. 구제역 발생이 심각하면 가축을 살처분하거나 매몰한다. 구제역 발생 국가는 가축과 축산물 수출이 금지되거나 제한될 수 있다. 가축 전염병이 국가 경제에도 영향을 미치는 문제로 번지는 것이다.

전염병은 예방하는 것이 가장 좋지만, 어쩔 수 없이 발생했다면 빠른 조치가 필요하다. 조기에 질병을 발견하고 확산을 방지해야 한다. 하지만 가축이 병에 걸렸는지 확인할 수 있는 수의사는 턱없이 부족하다. 농림축산식품부에 따르면 2023년 기준 전국 수의사의 수는 9315명이다. 이 중 농장 동물 수의사는 13%인 1219명에 불과하다. 문제는 농장엔 많은 수의 가축이 있다는 점이다. 충청북도의 경우 수의사 1명이 돌봐야 하는 한우와 젖소 개체 수가 3018마리에 달한다. 한 명의 수의사가 3000마리가 넘는 개체를 돌봐야 한다. 충청남도는 2523.5마리, 경기도는 1817.1마리, 강원도는 2843.6마리, 인천은 1717.2마리였다.

감염병 확산을 막을 가축방역관 역시 부족하다. 지방자치단체 동물위생시험소에서는 가축방역관 결원이 지속 발생하고 있다. 2023년 기준 수도권을 제외한 지자체에선 적게는 20명에서 많게는 50명까지 결원이 발생했다.

수의사와 가축방역관 부재는 감염병 대응의 공백을 만든다. 정부와 축산 종사자들은 이 공백을 메울 방법을 지속적으로 강구했고, 그 방안 중 하나로 AI 기술이 쓰이고 있다.

AI 수의사, 동물 행동 분석해

"오늘 너 어디 아파?", "너 어디 안 좋아?" 등교한 학생을 보고 선생님이 물어볼 수 있는 질문이다. 혹은 직장에 출근한 동료에게, 주말에 만난 친구에게도 물을 수 있는 말이다. 우리는 왜 이러한 질문을 던질까?

사람들이 아플 때마다 나타나는 증상이 있다. 감기에 걸리면 기침을 하고 콧물을 흘린다. 머리가 아프면 이마에 자주 손을 가져가고, 허리가 아프면 허리를 두드리거나 스트레칭을 한다. 굳이 말하지 않아도 행동에서 컨디션이 좋지 않다는 것을 알 수 있는 것이다. 동물도 마찬가지다. 질병에 걸렸거나 컨디션이 좋지 않을 때 공통으로 발생하는 행동 데이터가 있다. 평소보다 먹이 섭취량이 줄거나 입에서 많은 양의 침을 흘린다. 복통이 있는 경우 등을 구부리거나 불편한 자세를 취한다. 걸음걸이가 달라지는 것도 동물의 몸 상태가 좋지 않다는 것을 알려 주는 대표 사례다.

이 행동 데이터는 동물이 평상시와 몸 상태가 다르다는 것을 알려 주는 신호다. 최근 농가에서는 이러한 동물의 행동 데이터를 분석해 질병 여부를 파악하는 기술이 사용되고 있다. 농가에 카메라를 설치해 24시간 가축을 촬영하고 해당 영상을 AI가 실시간으로 분석한다. 동물이 어떤 행동을 취할 때 건강에 이상이 있다는 알고리즘을 토대로 영상으로 촬영하는 동물이 그 행동을 하거나 평상시와 다른 행동을 할 시 알람 신호 등을 통해 농부에게 알려 준다. 알람 내용은 스마트폰 등 농부가 자주 사용하는 기기를 통해 전해진다. 일손이 바쁜 농부는 스마트폰 알람만으로 가축 상태를 점검할 수 있는 것이다.

목걸이형 센서를 소에게 착용시켜 데이터를 수집하는 방법도 있다. 이 센서는 소의 움직임과 활동량, 위치, 섭취량 등의 데이터를 실시간으로 수집하고 AI가 이를 분석해 건강 상태를 파악한다. 소의 일상적인 활동과 행동 변화를 감지해 건강 상태를 실시간으로 확인하고 이상 징후를 발견하면 농부가 조기에 대처할 수 있게 돕는다. 평상시보다 먹는 양이 줄었거나 행동 반경이 적으면 이상이 있다고 탐지하는 식이다.

이 기술은 발정기에 나타나는 행동 변화를 감지해 적절한 시기에 교배를 준행할 수 있도록 돕기도 한다. 또 가축이 출산할 때 안정적으로 진행되는지 감시하고 이상이 생기면 알람을 줘 농부가 즉시 조치할 수 있도록 돕는다. 사람이 직접 눈으로 보는 방법도 있지만, 이 경우 가축이 스트레스를 받을 수 있고 사람이 계속 CCTV 화면만 볼 수도 없는 상황이라 실시간 영상을 AI가 분석해 알람을 주는 기술이 활용되고 있다.

물론 전염 예방에도 효과적이다. 구제역의 경우 AI가 카메라 센서를 통해 수집된 돼지의 활동성, 농장 환경, 사료 섭취량, 체온 등의 데이터를 실시간으로 분석해 이상 징후를 조기에 감지한다. 구제역에 걸린 돼지에게 나타나는 행동 데이터를 학습한 AI가 카메라에 촬영되는 돼지가 유사한 행동을 하는 경우 즉시 농부나 동물위생시험소 등에 알람을 제공한다. 이를 토대로 빠르게 구제역에 대처할 수 있어 피해 반경을 줄일 수 있다.

AI 감별사, 고기 품질 선별한다

축산업에서 AI는 영상 분석 기술을 기반으로 가축 건강 관리와 정밀 사육을 넘어 제품 분류에도 사용된다. 육류 상태를 촬영한 영상을 AI가 분석해 살코기와 지방이 얼마나 분포했는지를 보고 고기 품질을 정하고, 해당 데이터를 토대로 농부에게 더 생산성을 높일 수 있는 농가 환경을 조언한다.

2024년 4월, 제주도엔 '비계 삼겹살' 이슈가 터졌다. 온라인 커뮤니티에 제주에서 주문했던 삼겹살 사진과 "98% 이상이 비계…"라는 글이 올라오면서다. 6월에는 해외 쇼핑 플랫폼에서 구매한 삼겹살에 비계가 잔뜩 있었다는 소비자의 사연이 온라인 커뮤니티에 올라와 또 한 번 논란이 일었다. 공개된 사진에는 삼겹살 대부분이 두툼한 비계로 가득했다. 붉은색의 살코기 부위는 일부에 불과했다.

비계 삼겹살 이슈는 육류 소비에서 소비자의 신뢰도를 떨어뜨리는 원인이 됐다. 그렇다면 뛰어난 품질의 육류를 소비자에게 제공할 방법은 없을까? AI 기술은 여기서도 활약할 수 있다. 도축된 육류를 카메라로 촬영하고 이를 AI가 분석해 품질을 결정할 수 있어서다. 일례로 삼겹살 단면을 카메라로 촬영하고 AI로 분석하면 살코기와 지방이 얼마나 분포하는지 알 수 있다. 이미 국내에서는 삼겹살 단면 1만 건을 촬영해 데이터를 축적하고, 살코기와 지방의 적절 비율 기준점을 분석해 AI에 학습시킨 사례가 있다.

이 기술로 살코기와 지방의 비율을 분류해 소비자 맞춤 육류 판매의 기반을 만들 수 있다. 또 비율에 따라 삼겹살 유통 비용을 다르게 해 축산 농가에 이익을 줄 수 있다. 이른바 황금 비율의 고기는 가격을 높여 농가에 이익을 주는 식이다. 일부 음식점과 유통사에서 저지르는 비계 삼겹살 논란도 방지해 소비자 신뢰도 견고히 쌓을 수 있다.

돼지의 살코기와 지방 비율 데이터를 지속적으로 모으고 AI로 분석하면 농가 환경을 좋은 품질의 육류를 생산하는 최적의 상태로 바꾸는 것도 가능해진다. 다양한 환경의 농가 데이터와 육류 데이터를 분석해 소비자가 선호하는 비율의 육류는 어느 환경에서 주로 나오는지 파악할 수 있어서다. 가축을 얼마나 운동시켜야 하는지, 온도와 습도는 어느 정도로 유지해야 하는지를 데이터 기반으로 알게 되는 것이다. 이 방법은 양계장에서도 쓰일 수 있다. 양계장은 사육 환경과 관리자에 따라 산란율 차이가 발생하는데 높은 산란율을 보이는 농가의 데이터를 AI로 분석하면 산란율이 저조한 농가의 문제를 찾고 보완할 수 있다.

참고문헌

김동원(2021.12.21). [위드AI] ⑦AI 탑재하는 농축산업 "진정한 '스마트팜' 시대 왔다". AI타임스,
https://www.aitimes.com/news/articleView.html?idxno=142038

오재용(2024.5.02). "비계 테러 당했어요"…오영훈 제주지사 "삼겹살 지도 감독하겠다". 조선일보,
https://www.chosun.com/national/regional/2024/05/02/COVEGRTZ2ZES5HXM2SNML4R7KM/

장영준(2024.06.11). 또 '비계 삼겹살' 논란…알리서 구매했는데

'살코기 실종'. 경기일보,
https://www.kyeonggi.com/article/20240611580366
최우석(2023.10.26). 럼피스킨 확산하는데… 수의사 1명이 소 2524마리 담당. 세계일보,
https://www.segye.com/newsView/20231025515962

07
저탄소 농업과 AI

전 세계 온실가스 3분의 1은 농업에서 나온다. 농사를 짓기 위한 경작 활동부터 비료 살포, 농기계 운영에는 많은 양의 탄소가 배출된다. 축산 농가도 마찬가지다. 소와 돼지는 메탄가스를 비롯한 온실가스를 배출한다. 양돈 산업이 발전한 덴마크에선 이 문제를 줄이기 위해 돼지 방귀세를 거두겠다고 발표할 정도다. AI 기반 정밀 농업과 사육은 농사에 사용되는 비료량과 가축이 먹는 사료량을 조절한다. 데이터를 토대로 적당한 양을 계산해 온실가스를 줄이는 해결책이 되고 있다. 탄소 잡는 지능형 농업이 시작된 것이다.

AI와 윤동주?

지구온난화의 주범, 농업

농업에 탄소세가 부과되기 시작했다. 덴마크는 세계에서 처음으로 2030년부터 농업 분야에 탄소세를 도입한다. 농가에서 배출되는 이산화탄소 1톤당 300크로네(약 6만 원)의 세금을 부과한다. 2035년부턴 1톤당 750크로네(약 15만 원)로 세금을 인상하면서 더 높은 세금 공제 혜택을 지원할 계획이다. 뉴질랜드는 2022년 가축이 자연적으로 만들어 내는 가스에 세금을 부과하는 농업 탄소세(Agri-Carbon Tax), 일명 '방귀세'에 대한 논의를 진행했다. 세금 액수는 2030년까지 책정 후 세제를 도입하기로 했다.

농업 분야에 탄소세 카드를 들이민 이유는 그만큼 농업에서 발생하는 탄소 배출량이 많아서다. 국제연합식량농업기구(FAO)의 2021년 발표에 따르면, 전 세계 온실가스 배출량의 34%는 세계 식량 시스템에서 배출된다. 이 중 71%는 작물 재배, 가축 사육과 같은 '농업 활동'과 산림 벌채, 초지 개간 등의 '토지 이용 변경'에서 발생한다. 나머지 29%는 식품의 운송, 포장, 소매, 폐기 과정에서 생긴다. 세계은행(WB)이 2025년 5월 발표한 '살기 적합한 지구를 위한 레시피(Recipe for a Livable Planet)' 보고서에도 매년 전 세계에서 발생하는 온실가스의 3분의 1이 농업에서 나온다고 돼 있다. 배출량은 약 16기가 톤(Gt, 10억 톤)으로 전 세계 모든 열 · 전기 배출량의 6분의 1 수준이다. 보고서는 세계 인구가 2050년 97억 명으로 늘어날 것으로 전망되면서 식량 생산을 위해 농지를 확장하는 과정에서 토지와 자원이 고갈되고 탄소 배출량은 확대되는 악순환이 계속된다고 관측했다.

돼지고기와 유제품이 주요 수출품인 덴마크는 국토 60%가 농지로 이뤄졌다. 사람 수보다 돼지가 많을 정도로 양돈 산업이 발달해 있다. 돼지 생산량의 90%가 수출된다. 이 때문에 덴마크는 북유럽에서 온실가스 배출량이 많은 국가에 속한다. 덴마크 정부가 위촉한 자문 그룹에 따르면, 이산화탄소 감축을 위한 정부 개입이 없이 현재 상태가 유지된다면 2030년에는 덴마크 전체 온실가스 배출량의 46%가 농업에서 나올 것으로 추정된다.

한국은 전체 온실가스 배출량 중 2.9%가 농업에서 나온다. 벼 재배 600만 톤, 농경지 토양 580만 톤, 가축 장내 발효 440만 톤, 가축 분뇨 420만 톤 등 매년 2040만 톤의 온실가스가 농업에서 배출된다. 비교적 수치가 적어 보일 수 있지만, 여기에는 농업 생산에 관한 온실가스 배출량만 포함됐다. 농식품 수입, 유통에 대한 배출량은 빠져 있다. 국회 농림축산식품해양수산위원회가 한국농어촌사회연구소에 의뢰해 조사한 결과(2019)에 따르면, 농식품 수입에 따른 탄소 배출량은 2019년 기준 1146만 톤이었다. 2010년 대비 2019년 1인당 식품 수입량 증가율을 반영해 산정한 탄소 배출량이다. 이는 2019년 농업 생산 분야 탄소 배출량 2100만 톤과 비교했을 때 절반이 넘는 수치였다. 한국 농업에서 배출되는 온실가스 중 수입과 같은 유통 활동에서 발생하는 양 역시 크다는 것을 보여 준 사례다.

AI 기반 정밀 농업, 비료와 살충제 낭비 막는다

농사를 짓는 과정에서 온실가스가 배출되는 이유는 크게 경작 활동과 비료, 농기계 사용에서 찾을 수 있다. 토양에는 식물 잔재물, 동물 잔해나 배설물, 미생물에서 비롯된 유기물들이 존재한다. 이 유기물은 토양 건강에 중요한 역할을 한다. 경작 활동은 이 유기물을 분해해 땅을 비옥하게 하는 과정이다. 경작을 통해 토양을 뒤집으면 땅속에 있던 유기물이 공기와 접촉하게 되고, 이 유기물을 먹고 사는 미생물들이 활동을 시작한다. 미생물들이 유기물을 분해하면서 토양은 비옥해진다. 토양 속 영양소를 재순환시켜 식물이 사용할 수 있는 형태로 만들고,

토양 입자들 사이에 공간을 만들어 통기와 배수가 잘되게 한다. 그런데 문제가 있다. 미생물들이 유기물을 분해하면서 이산화탄소를 내뿜는 것이다. 이 때문에 경작활동을 많이 할수록 온실가스는 지속적으로 배출된다.

식물의 성장을 돕는 비료도 온실가스를 발생시키는 주범이다. 화학 비료와 질소 비료는 이산화탄소와 이산화질소와 같은 온실가스를 발생시킨다. 특히 질소 비료는 이산화탄소보다 298배 강력한 온실가스이자 오존층을 파괴하는 주범인 이산화질소를 만들어 낼 수 있다. 보통 농업에서 이산화질소는 비료를 과도하게 사용하거나, 토양이 비료를 원활히 흡수하지 못할 때 발생한다. 질소 비료가 토양에 흡수되지 않으면 미생물 활동을 통해 이산화질소로 변환돼 대기 중으로 배출된다. 또, 물에 용해되면 질산염 형태로 지하수나 표면수로 유실돼 수질 오염을 초래하고 간접적으로 아산화질소의 발생을 증가시킨다. 여기에 더해 화석 연료로 가동하는 농기계 역시 온실가스 배출을 증가시키는 원인이 되고 있다.

AI 기반 정밀 농업은 농업의 온실가스 문제를 덜 수 있는 해결책 중 하나다. 센서, 드론, 위성 등을 통해 수집된 데이터를 분석해 토양과 작물 상태, 수분 수준 등을 실시간으로 모니터링해 필요한 만큼의 비료를 사용할 수 있다. 일례로 AI는 토양 분석 데이터를 기반으로 특정 작물에 필요한 비료의 양과 시기를 정확하게 제안할 수 있다.

UC 버클리, UC 데이비스, UC 머세드, UC 산타크루즈 등 캘리포니아 주요 대학교들이 모인 학회 'CITRIS(The Center for Information Technology Research in the Interest of Society and the Banatao Institute)'에서는 AI를 활용해 비료와 살충제 살포 여부를 판단해 농부의 의사 결정을 돕는 기술을 연구하고 있다. 농작물을 심은 주변 환경 데이터와 농작물, 토양 등의 데이터를 AI로 분석해 비료와 살충제가 필요한지, 살충제를 뿌렸을 때 주변 환경에 어떤 영향을 미치는지에 관한 정보를 농부에게 제공하는 기술이다. 농부는 해당 정보를 보고 비료와 살충제의 살포 여부를 판단할 수 있다. 존 디어의 자율주행 트랙터에 탑재된 '이그잭트샷(ExactShot)'도 과도한 비료 사용을 막을 수 있다. 실시간으로 촬영한 영상을 AI가 분석해 필요한 위치에만 적당량의 비료를 뿌려 기존보다 비료량을 60% 줄일 수 있다. 게다가 존 디어 자율주행 트랙터는 100% 전기로 작동해 배출하는 탄소량이 적다.

정밀 사육 돕는 AI, 메탄도 줄인다

농업에서 탄소가 배출되는 또 다른 원인은 가축에 있다. 돼지를 많이 키우는 덴마크가 농업에 탄소세를 적용한 이유도 가축에서 발생하는 탄소를 줄이기 위해서다. 특히 소에서 발생하는 메탄가스는 기후변화에 부정적 영향을 주고 있다. UN 보고서에 따르면 소를 비롯해 가축이 배출하는 메탄은 전 세계 온실가스의 18%를 차지한다. 이는 자동차 등의 교통수단이 배출하는 양인 13.5% 보다 크다. 실제로 젖소 한 마리가 연간 배출하는 메탄가스 양은 자동차 한 대가 배출하는 매연가스 양과 비슷하다. 전 세계에 있는 13억 마리의 소는 사람보다 2600배 많은 7000만 톤의 메탄을 배출하고 있다.

가축이 배출하는 메탄가스를 줄이기 위해선 사료량을 조절해야 한다. 젖소가 발생시키는 메탄의 78%는 반추위 장내 발효로 인한 트림에서 발생한다. 소의 사료 과다 섭취를 막는다면 트림으로 인한 메탄가스 양을 줄일 수 있다. 이를 위해 가축의 행동 데이터를 분석해 개체별 정밀 사육을 통한 사료량 조절의 필요성이 대두되고 있다.

농가에서는 가축을 일괄적으로 돌본다. 모든 소에 비슷한 양의 사료를 먹이고 있다. 생산성 향상을 위해 보통 사료량은 최대치를 유지한다. 그래야 한우와 육우는 몸

집을 키워 판매 가치를 키울 수 있고, 젖소는 우유 생산량을 높일 수 있어서다.

그런데 사실 사료량을 최대치로 주는 것은 효과적인 방법이 아니다. 사람도 많이 먹는 이가 있고, 적게 먹는 이가 있듯이 소도 유전적 영향에 따라 사료를 소화할 수 있는 능력이 정해져 있다. 늘 최대치로 먹이면 그만큼 사료가 낭비되고, 메탄가스가 많이 배출돼 환경에 부정적인 영향을 주게 된다. 이 때문에 소의 움직임과 활동량, 위치, 섭취량 등의 데이터를 실시간으로 수집해 AI가 소 개체별로 적당한 사료량을 계산해 농부에게 알려 주는 기술이 개발되고 있다. AI가 서로 다른 유전적 특징을 가진 소에게 적당한 사료량을 알려 주고, 그날 상태에 따른 사료량을 추천해 과도한 사료 섭취로 인한 메탄가스 발생을 막고, 사료량을 줄여 농가의 경제적 이익을 도모할 수 있는 기술이다. 한국을 비롯해 사료 가격이 비싼 동남아시아 국가 일부 농장에서 시범적으로 운영되고 있고, 미국과 유럽에서도 유사한 기술이 연구되고 있다.

참고문헌

김동원(2021.10.4). 박지환 씽크포비엘 대표 "소만 잘 키워도 환경오염 방지, AI 기반 스마트팜 기술 많아져야". AI타임스,

https://www.aitimes.com/news/articleView.html?idxno=141032

김동원(2022.11.6). 축산업 골칫거리 '메탄가스' 해결할 AI 기술 나왔다. THE AI, https://www.newstheai.com/news/articleView.html?idxno=3510

안수빈 외(2023.10). 축산시설 탄소배출량 통합관리를 위한 탄소배출량 예측 회귀 모델·인공지능 모델 개발. 한국농공학회, https://kiss.kstudy.com/Detail/Ar?key=4062077

이해곤(2021.6.14). [탄소발자국 지우기 2050] 발등에 불 떨어진 녹색축산. 이투데이, https://www.etoday.co.kr/news/view/2035074

China Research and Intelligence(2023.03). Research Report on Southeast Asia Feed Industry 2023-2032. https://www.marketresearch.com/China-Research-and-Intelligence-Co-Ltd-v3627/Research-Southeast-Asia-Feed-33701459/

Food and Agriculture organization of the United Nations(2021.9.03). Food systems account for more than one third of global greenhouse gas emissions. https://www.fao.org/newsroom/detail/Food-systems-account-for-more-than-one-third-of-global-greenhouse-gas-emissions

Satoshi Koike, Makoto Mitsumori, Toshihiro Ito, Takehiro Nishida. MOONSHOT Project Introduction of the research. *Graduate School/Reserch Faculty of Agriculture*, Hokkaido University Lab of Animal Function & Nutrition. https://anim-func-nutr.agr.hokudai.ac.jp/en/ms-pj/ms-pj-introduction/

08
생산부터 유통까지 원터치 AI

농업은 소비자에게 건강한 먹거리를 안정적으로 제공해야 하는 임무를 갖고 있다. 신선한 농산물을 부족함 없이 제공해야 한다. 그런데 농산물을 항상 최적의 상태로 소비자에게 제공하는 것은 어렵다. 매번 농작물을 최적의 상태에서 수확할 수도 없고, 유통 과정에서 상품이 손상될 수 있어서다. 이에 최근에는 AI를 토대로 수확 시기와 유통 방법을 계산하고 예측해 소비자에게 제공하는 방법이 일상화되고 있다. AI 기반 공급망 관리(SCM)로 농부와 소비자 모두가 만족하는 선순환이 만들어지고 있다.

AI와 한의학?

농업+SCM, 안전한 먹거리 공급망 만든다

농업이 안정적으로 발전하기 위해서는 농가와 소비자 간 신뢰가 중요하다. 농가는 소비자가 식량을 안심하고 먹을 수 있으면서 부족함 없이 제공해야 한다. 반대로 소비자는 공정한 거래를 통해 농가에 이윤이 돌아갈 수 있도록 해야 하고, 사회적으로는 식량의 수요와 공급을 조정해 농가가 손해 보는 일이 없도록 해야 한다. 농부는 지금 재배하고 있는 작물로 이윤을 창출할 수 있다는 신뢰가, 소비자는 고품질의 식량을 부족함 없이 먹을 수 있다는 신뢰가 있어야 농업은 선순환할 수 있게 된다. 여기서 중요한 건 유통이다.

안전한 먹거리 공급은 사실 어려운 과제다. 농산물은 유통기한이 짧다. 과일의 경우 당도가 유지되는 기간이 짧아 시간이 소요되면 상품 가치가 떨어진다. 생산자는 이 상품을 당도가 가장 높고 신선할 때 소비자에게 안정적으로 제공해야 하는 과제를 안고 있다. 소비자들의 수요에 맞춰 제공해 재고 부족으로 인한 가격 상승을 막아야 하고, 상품 가치도 유지해야 한다. 그래야 소비자와의 신뢰를 높일 수 있다. 반대로 상품을 너무 많이 제공해서는 안 된다. 상품 가치가 떨어지고 재고가 쌓이면 폐기물이 발생하게 된다. 경제적 손해는 물론 환경에도 악

영향을 줄 수 있다.

일반적으로 상품을 안정적으로 공급하기 위해서 SCM(Supply Chain Management, 공급망 관리) 전략을 이용한다. SCM은 상품의 생산 · 유통 등 모든 공급망 단계를 최적화해 수요자가 원하는 제품을 원하는 시간과 장소에 제공하는 관리 방법을 뜻한다. 유통, 소비자 모든 과정의 데이터를 취합해 최적의 공급망을 유지하며 상품이 안정적으로 공급될 수 있게 하는 시스템이다. 농업에 적용하는 경우 농산물이 생산부터 소비자에 이르기까지 모든 단계를 효율적으로 관리하고 최적화할 수 있다. 일례로 SCM을 농업에 활용하면 수확량, 소비자 요구사항 등에 따라 운송 방식과 일정 등을 선택할 수 있다. 현재 공급할 수 있는 수확량에 관한 정보와 소비자의 데이터를 분석해 적재적소에 농산물을 공급하고, 상품이 신선한 상태를 유지하면서 생산자가 수익을 내는 방법을 계산해 운송 방식과 업체를 결정하는 식이다.

데이터가 모이면 공급망이 만들어진다

이 같은 똑똑한 공급망을 갖추려면 데이터가 필요하다. 생산자 데이터, 소비자 데이터, 유통망 데이터 등이다. 서로 다른 지역의 생산자 단체, 조합과 연계해 농산물의 산지 데이터베이스(DB)를 구축해 전체적인 생산량을 예측해야 하고, 지역별 어떤 유통망이 있는지도 데이터화해야 한다. 실시간 소비자의 데이터도 필요하다. 현재 어떤 제품을 많이 구매하는지 등에 관한 정보를 마트나 온라인 구매 사이트 등과 연계해 취합해야 한다.

미국 농무부는 2017년 세일즈포스의 고객관계관리(CRM) 서비스형 소프트웨어(SaaS)를 도입했다. CRM은 기업이 고객과 관련된 내외부 데이터를 통합하고 분석해 고객 특성에 맞게 마케팅 활동을 계획하고 지원하는 과정을 뜻한다. 고객 데이터를 세분화해 관리하고 이를 통해 신규 고객 발굴, 잠재 고객 활성화와 같은 가치를 찾는다.

미국 농무부가 CRM을 도입한 큰 이유는 사실 허리케인이라는 재난에 대응하기 위해서였다. 당시 미국 텍사스주는 허리케인 '하비'로 인해 큰 피해를 보았다. 농부들의 피해는 컸다. 작물이 손상됐고 가축 역시 폐사됐다. 이에 미국 농무부는 농부와 목장주들에게 필요한 정보를 제공하고, 재난 복구 자원을 신속하게 배분할 수 있게 CRM을 도입했다. 농부의 데이터를 분석해 맞춤형으로 조치하기 위해서다. 이후 이 시스템은 농부와 소비자, 농무부 담당자를 연결하는 매개체가 되고 있다. 농무부

고객 서비스 부서에서는 생산자와 소비자의 데이터를 통합하고 거래 데이터 등을 취합할 수 있게 했다. 농부, 소비자 데이터가 클라우드에 모이기 시작한 것이다. 이 시스템이 마련되자, 농부와 소비자는 현재 생산되는 작물과 양을 확인할 수 있게 됐고, 이를 통해 서로 신뢰할 수 있는 공급망을 유지하게 됐다.

유통 관리가 쉬워지는 비결

농업에서 안정적인 공급망을 유지하는 데 결국 중요한 건 데이터다. 현재 다른 산지에서 생산되는 데이터, 소비되는 데이터, 유통 데이터를 알아야 한다. 문제는 이 데이터를 토대로 농부가 가장 쉽게 가시성을 확보해야 한다는 점이다. 생산자인 농부가 가장 편히 알기 쉽게 데이터가 제공되고 소비자에게 제공하는 유통 과정을 선택할 수 있다면 소비자에게 가장 당도가 높고 신선한 상품이 안정적으로 공급될 수 있다.

이를 위해 농업에서는 AI 기반으로 생산 단계를 자동화하고, 스마트폰과 같이 농부가 자주 사용하는 기기를 통해 추천 정보를 제공하는 서비스가 출현하고 있다. 처음 상품을 만드는 수확 단계에서는 AI가 수확 시기를 알려 준다. 예를 들어 사과는 보통 나무 전체에 착색된 과실이 80% 이상 골고루 분포했을 때 수확한다고 알려져 있다. 만개 후 성숙 일수로 시기를 예측해 수확하는 편이다. 장기 저장용 품종은 관행 수확기보다 1~2주 정도 일찍 수확한다. 복숭아는 빛깔이 담황색 또는 유백색이 된 후 붉게 물들었을 때 수확하는 편이다. 수확 시간도 정해져 있다. 사과 수확은 기온이 낮은 오전에 실시하는 것이 좋다. 복숭아는 다른 과수보다 호흡량이 많은데, 온도가 높을수록 호흡 작용에 의한 과실 내 양분 소모가 많아져 신선도가 떨어지고 과육이 쉽게 물러진다. 이 때문에 가능하면 아침 일찍 수확하고 신속히 온도를 낮춰 포장하는 것이 중요하다. 그런데 이 정보대로 농부가 실천하긴 어렵다. 게다가 농장별로 기후나 환경이 달라 올바른 수확 시기를 결정하는 것은 까다로운 일이다.

이 문제에 대응하기 위해 한국 농장에서는 과수 수확 시기를 AI로 판단하고 있다. 카메라 센서를 탑재한 장비가 농장에 설치된 레일을 따라다니며 나무와 과수의 모습을 촬영한다. AI는 이 영상을 분석해 과수의 색은 어떤지, 현재 어떤 문제가 있는지를 파악해 농부에게 알려 준다. 농부는 AI가 알려 주는 데이터를 토대로 과수 수확 시기를 결정할 수 있다. 기존에는 일일이 농부가 돌아다니면서 상태를 확인해야 해 노동력이 많이 들었다. 정확한 수확 시기를 놓쳐 상품 가치가 떨어지는 일도 발생했다.

수확된 과일은 분류 작업을 거친다. 크기, 익음 정도 등을 파악해 등급별로 분류한다. 상품 가치가 떨어지는 과일도 이 작업을 통해 분류해 낸다. 이 과정도 AI가 할 수 있다. 수확한 과일을 카메라로 촬영하면 AI가 데이터를 토대로 어느 등급의 상품인지, 상품 가치가 있는지 등을 실시간으로 분류할 수 있다. 사람이 일일이 봐야 했던 작업이 간소화된 것이다. 사람이 분류 작업을 하면서 생기는 실수도 방지할 수 있다.

이처럼 AI는 과수의 수확부터 분류까지 자동화하는 역할을 한다. 농부는 모든 작업에 일일이 투입하지 않아도 된다. 많은 시간과 노동이 필요했던 작업이 원터치로 해결된 셈이다. 이후 유통 작업도 AI가 도울 수 있다. 과일 수요 예측을 통해 공급과 수요 수준을 판단하고 최적의 배송 방법을 계산해 공급자에게 추천할 수 있다. 과일 수요는 마트에서 사람들이 자주 구매하는 상품 데이터, 온라인 구매 데이터, 지난해 과일 판매량에 관한 데이터를 토대로 예측할 수 있다. AI의 특기가 많은 데이터를 단번에 분석하고 결과를 내는 것인 만큼, 해당 데이터들을 모으고 입력하면 수요 예측에 관한 정보를 제공받아 안정적인 공급망을 구성할 수 있다.

참고문헌

김동환(2010). SCM 구축을 위한 농수산물도매시장 운영시스템 개선 방안. 농업·농촌의 길 2010 조직위원회.

김동원(2021.12.21). [위드AI] ⑦AI 탑재하는 농축산업 "진정한 '스마트팜' 시대 왔다". AI타임스, https://www.aitimes.com/news/articleView.html?idxno=142038

김동원(2023.9.22). 美 농무부가 1만 명 이상 농부에게 디지털 옷을 입힌 비결. 디지틀조선일보, https://digitalchosun.dizzo.com/site/data/html_dir/2023/09/22/2023092280173.html

함신애(2021.9.6). 고품질 과실의 수확시기 및 품질 관리 요령. 농촌진흥청.

09
농업 지속성과 AI

농업은 인류 역사상 가장 오래된 산업이다. 한국에서 농업이 시작된 건 신석기 시대로 알려져 있다. 생존에 필요한 식량을 담당하는 산업이라 당연할 수 있지만, 이젠 아니다. 사람들에게 기피 산업이 됐고 환경오염으로 인해 생태계가 망가지고 있다. 그러면 우리는 어떻게 농업을 지속해 갈 수 있을까? 이를 위해서는 환경, 사회, 경제 등 다양한 측면에서의 검토가 필요하다. 자연 생태계를 보전하고, 자원을 효율적으로 사용하면서 농업 생산성을 유지해야 한다. 동시에 농업 종사자와 지역 사회의 생계 역시 보장해야 한다.

AI와 화장품?

AI는 올해 식량의 공급과 수요를 안다

농업의 지속 가능성을 유지하기 위해 중요한 점은 경제다. 자본주의 사회에서 사람들은 수익이 있는 곳에 몰린다. 반대로 수익이 없는 곳은 기피한다. 농업의 지속 가능성을 유지하기 위해서는 우선 농부가 돈을 벌어야 한다.

농업에서 수익성 향상을 위해 필요한 점은 예측이다. 공급과 수요 관점에서 수요가 높은 작물을 예측해 재배해야 한다. 수요보다 공급이 많으면 적자를 보게 된다. 김장철에 농부들이 힘들게 키운 배추를 버리는 모습이 종종 나오는 이유는 소비자가 요구하는 배추 양보다 판매되는 양이 많아 배추 가격이 폭락해서다. 배추가 헐값에 판매되는 일을 막기 위해 강제로라도 배추를 버려 공급과 수요를 맞추는 것이다.

반대로 수요보다 공급이 부족한 경우 농산물 가격이 치솟는 문제가 발생한다. 크게는 식량 부족 문제를 양산할 수 있다. 일반 제품은 공급이 부족하면 해외로부터 수입을 통해 공급받을 수 있다. 그런데 농업은 어렵다. 국가마다 수출할 수 있는 농산물과 수량이 정해져 있다. 예를 들어 일본에서 사과를 수입하려면 허락된 농가에서만 할 수 있다. 농산물의 출처를 명확히 알 수 있어야, 혹

여나 문제가 생겼을 때 역추적해 어디서 어떤 문제가 발생했는지 알 수 있고, 해당 문제를 다른 국가와 지역에 전파하지 않을 수 있어서다.

AI는 식량의 공급과 수요를 계산하는 작황 예측 모델에 적합한 기술이다. 전 세계에서 재배하는 작물의 정보와 기상 정보 등 수많은 데이터를 분석해 기존에 사람이 할 수 없던 예측 정보를 제공할 수 있어서다. 일례로 위성 영상을 사용하는 방법이 있다. 위성 영상은 우주에서 지구를 촬영하며 각 국가와 지역에 어떤 작물이 재배되고 있는지 알 수 있는 정보를 제공한다. 이 데이터를 토대로 전 세계적으로 현재 어떤 작물이 많이 재배되고 있는지, 몇 개월 뒤에 수요가 높아질 작물을 예측할 수 있다. 그런데 위성 데이터는 크고 많다. 2011년부터 2020년 사이에 발사된 지구 관측 위성은 모두 1097대다. 2021년과 2030년 사이엔 2595대가 발사될 예정이다. 지구 관측 위성 수가 늘어난다는 것은 분석해야 할 영상 데이터 규모 역시 급속도로 증가한다는 것을 뜻한다. 수많은 영상을 사람이 빠르게 분석해 전 세계 작황을 예측하긴 어렵다. 하지만 AI는 가능하다. 영상 속 특이점을 사람보다 훨씬 빠른 속도로 찾아낼 수 있고 데이터가 많더라도 지치지 않고 작업할 수 있어서다.

최근 작황 예측은 AI 기반으로 위성 데이터, 기상 데이터, 소비 데이터, 유통 데이터 등 더 많은 데이터를 분석해 예측하는 방향으로 연구되고 있다. 농업은 공급과 수요를 맞추는 데 있어 기상, 기후뿐 아니라 소비자 선호도, 유행 등 다양한 변수가 존재해서다. 이에 마트에서 쇼핑하는 소비자들의 행동 데이터나 식당 종류의 증감 데이터, 광고 데이터 등을 모두 분석해 작황을 예측하는 시스템이 연구되고 있다.

좋은 기술은 농부가 사용하면서 시작된다

AI, 데이터, IoT, 로봇 등의 기술을 활용한 첨단 농업 환경 조성은 농업의 지속 가능성을 유지하기 위한 전략 중 하나다. 적은 노동력으로도 농업 생산성을 높이고, 농가와 지역 사회의 생계를 보장할 수 있다. 그런데 문제가 있다. 과연 농부가 이 기술들을 활용할 수 있느냐다. 아무리 잘 만든 기술도 사용하는 이가 적으면 무용지물(無用之物)일 수밖에 없다. 이 때문에 농부가 실제로 기술을 사용할 수 있도록 수용자 중심의 기술 개발 필요성이 강조된다.

영국에는 '애그리테크E(Agri-TechE)'라는 농업 기술 보급 기관이 있다. 전통적인 농업 방식에 4차 산업 혁명 기술을 접목해 생산성과 수익성을 높이는 사업을 영국 국내를 비롯해 국제적으로 추진하는 단체다. 농부, 과학자, 투자자, 기업 등 농업과 관련된 다양한 이해 관계자들을 연결해 지속적이고 효율적인 농업 실천 촉진을 목표로 한다.

2023년 8월 이 단체에 종사하는 벨린다 클라크(Belinda Clarke) 이사를 한국에서 만났다. 클라크 이사가 농업을 주제로 한 국제 AI 콘퍼런스에 참여하기 위해 방한했을 때다. 짧은 미팅 시간 동안 그에게 농업 혁신에서 가장 필요한 점을 물었다. 이에 클라크 이사는 '농가와의 협력'을 꼽았다. "영국은 국가 역량을 쌓아 애그리테크['농업(Agriculture)'과 '기술(Tech)'의 합성어], AI, 빅데이터 기술을 농가, 기업, 연구 기관 등에서 이용하고 있다"면서 "기술을 빠르게 보급하고 애그리테크 발전의 선순환을 만들기 위해선 농가와의 협력이 필요하다"고 말했다. 또 "AI든 로봇이든 결국 기술을 활용하는 것은 농가이고, 기술의 잠재 시장 역시 농가이기 때문에 함께 교류하며 기술 적용을 나누는 것이 필요하다"고 조언했다.

그 사례로 영국에서 양배추 농사에 AI 기술을 도입한 경험을 소개했다. 영국에서는 샐러드에 주로 사용되는 양배추를 많이 재배하는데, 애그리테크E는 여기서 AI 기술을 적용해 작물 생산성을 높이는 사업을 했다. 그런데 어려움이 있었다. 양배추 농업에 특화한 AI 모델을 만들려면 데이터가 필요하다. 하지만 그동안 취합된 데이터가 적었다. 이에 농부들의 개인 데이터를 취합하려 했지만, 농부들이 주저했다. 데이터를 관리하는 시스템의 보안을 우려했고, 데이터 프라이버시 문제를 걱정했다. 농장에서 사용되는 데이터 시스템과 애플리케이션 간 통합이 어려운 기술 문제도 있었다. 서로 사용하는 시스템과 선호하는 애플리케이션이 달라서다.

애그리테크E는 이 문제를 줄이기 위해 소통에 나섰다. 기술을 접목해야 한다는 설득이 아닌 소통을 했다. 농부들이 필요로 하는 점은 무엇인지, 원하는 기술은 무엇인지 묻고, 개발자, 연구자 등 다양한 농업 관계자와 논의하며 아이디어를 교류했다. 이 단체가 설득이 아닌 소통을 선택한 이유는 단순하다. 그들의 요구 사항을 듣고 맞춤형 기술을 보급하기 위해서다. 보통 기술 개발 기업은 공급자 입장에서 기술을 만들어 놓고 소비자들이 모이길 바란다. 개발한 기술에 소비자 의견은 없다. 이 경우 소비자 만족도가 떨어져 사업이 실패할 가능성이 크다. 농업에서도 마찬가지다. 하나의 기술을 만들어 놓고 이러한 서비스를 이용하면 효율성이 높다고 농가를 설득하면, 사용자 만족도가 떨어진다. 정작 농부가 필요로 한 서비스가 들어 있지 않아서다.

농부와의 소통은 교육보다 큰 효과를 가져온다. 최근 AI와 같은 기술을 농업에 적용하면서 농부들의 디지털 리터러시 교육에 대한 필요성이 대두되고 있다. 교육은 당연히 필요하지만, 수요가 높지 않다. 당장 농부는 해야 할 업무가 산더미여서다. 이 때문에 일방적인 교육보단 농부가 원하는 방안은 무엇인지 소통하고 그 해결책을 찾아 주는 방안이 필요하다. 이 과정을 통해 기술 보급에 따른 농가의 거부감을 줄일 수 있고, 농부들도 필요로 하는 서비스를 이용하면서 자연스레 디지털 기기와 기술에 익숙해질 수 있다. 클라크 이사는 "지역, 재배하는 작물, 사람마다 필요로 하는 기술이 다르다"면서 "기술 개발과 적용에서 가장 중요한 것은 그 기술을 사용하는 사람의 의견"이라고 강조했다.

푸드테크, 지속 가능성을 키우다

농업에서 지속 가능성을 실현하기 위해 중요한 또 다른 조건은 환경이다. 비료와 살충제 등으로 인한 환경오염을 방지하고, 효율적인 물 사용 시스템을 만들어 친환경

농업 환경을 조성해야 한다. 농작물의 생육 주기, 주변 환경 데이터를 토대로 농약과 비료 살포 여부를 판단해 주는 AI 기술과 농작물에 필요한 물을 최소한의 낭비로 공급하는 AI 기반 스마트 관개 시스템이 개발되고 있는 이유다.

여기서 또 짚고 넘어가야 할 기술이 있다. '푸드테크(Food-Tech)'다. 환경오염 등으로 인해 기후가 변하면서 사람들의 먹거리도 달라지고 있다. 일부 식재료는 사라져 가지만, 양이 급증해 골칫거리로 전락하는 경우도 있다. 2022년 미국 플로리다주 해변은 모자반으로 뒤덮였다. 상당한 양의 모자반이 밀려왔다. 해안으로 온 모자반은 육지에서 부패하는데, 이 과정에서 황화수소와 암모니아 등 유해 가스가 발생한다. 이 문제에 맞서 미국에서는 버려지는 모자반을 자원으로 활용할 방안을 찾고 있다. 그중 하나가 푸드테크다. 모자반을 식재료로 사용해 사람들이 먹게 하는 연구가 이뤄지고 있다. 실제로 캘리포니아에서는 모자반을 햄버거 패티로 만들어 판매하는 식당이 존재한다. 이 연구에도 AI가 쓰인다. 새로운 자원을 식품으로 만들려면 사람 몸에 이상이 없을지 등에 관해 세심한 과정을 거쳐야 한다. 신약을 개발할 때와 마찬가지다. AI는 자원에 관한 데이터, 인체·

건강 등을 토대로 이 과정에 들어가는 시간을 줄일 수 있다. 세 명의 사람이 10시간씩 일주일간 했던 작업을 AI는 10분 만에 해결할 수 있어서다.

참고문헌

김동원(2021.9.7). "인공위성과 AI가 만나면? 할 수 있는 일 무궁무진하죠"…전태균 SIA 대표 인터뷰. AI타임스, https://www.aitimes.com/news/articleView.html?idxno=140533

김동원(2023.8.31). 벨린다 클라크 Agri-TechE 이사 "농업 기술, 농가와 함께 발전해야". 디지틀조선일보, https://digitalchosun.dizzo.com/site/data/html_dir/2023/08/31/2023083180101.html

10
생성형 AI와 농업

생성형 AI는 AI 기술의 파급력을 크게 높였다. 사용자가 텍스트를 입력하는 것만으로 필요한 정보를 찾아주고 글을 요약하며 이미지까지 만들어 내는 생성형 AI는 다른 산업과 마찬가지로 농업에도 새로운 가능성을 열어 줬다. 초보 농부가 필요로 하는 정보를 손쉽게 제공하고, 농업 디지털 전환에 필요한 데이터를 만들어 내기도 한다. 여기에 더해 소비자와 직거래를 원하는 농부에게 마케팅 문구 작성 등을 도와 업무 생산성을 높이고 있다.

종교와 AI?

챗GPT 넘어 농업 전문 AI 나온다

2022년 11월 GPT-3.5가 등장한 이후 AI가 전례 없는 전성기를 맞이했다. 본격적인 생성형 AI 시대가 밝으면서다. 생성형 AI는 텍스트, 이미지, 영상 등을 새롭게 생성해 낸다. AI가 글도 쓰고 그림도 그리고 영상도 만든다. 기존에 데이터를 분석하고 예측만 했던 역할이 확대된 것이다.

생성형 AI 기술은 현재 질의응답, 검색, 텍스트 요약, 이미지 생성에 주로 쓰인다. 사용자가 질문 형식의 프롬프트를 입력하면, AI가 이를 이해해 요약하거나 답변하는 식이다. 생성형 AI는 특히 검색 방법을 바꿨다. 기존 정보 검색은 키워드 방식이었다. 포털과 같은 검색 사이트에서는 사용자가 입력한 키워드를 토대로 관련 문서나 사이트를 찾아 줬다. 하지만 AI는 딥러닝 기술 발전으로 사용자가 어떤 방식으로 질문하든 그 의미를 이해해 답을 제공한다. 중간에 사람이 뉴스나 다른 사이트에 들어가서 필요한 정보를 찾는 과정이 줄어든 셈이다. 예를 들어 "사과는 언제 수확하는 게 좋아?"라고 질문을 하면 생성형 AI는 필요한 내용을 바로 답변해 준다. 농부가 필요로 하는 정보를 찾을 수 있는 문턱이 더 낮아진 셈이다.

그런데 챗GPT와 같은 범용적인 모델은 일반적인 정보만 알려 준다. 개인 맞춤형 답변은 못 한다. 다양한 변수가 존재하는 농업에서 농부에겐 현재 환경과 재배하는 품종 등에 따른 맞춤형 답변이 필요하다. 게다가 챗GPT는 거짓된 내용을 사실처럼 답변하는 할루시네이션(Hallucination, 환각) 현상을 유발한다. 그럴싸한 거짓말을 토대로 농부가 의사 결정을 하게 되면 농사에 큰 피해를 줄 수 있다. 실제로 챗GPT는 일반적으로 83%의 정확도를 보인다고 알려져 있다. 보안 문제도 있다. GPT처럼 범용으로 사용하는 대형 언어 모델(LLM)은 보통 서비스형 소프트웨어(SaaS)로 제공된다. 이 때문에 민감한 데이터가 유출될 가능성이 있다.

이 문제를 해결하기 위해서 최근엔 전문 분야에 범용 모델보다 작은 경량화 모델을 활용하고 있다. 농업 관련 전문 데이터를 학습한 모델이다. 지방자치단체나 농업 단체에서 그동안 해당 지역에서 취합한 날씨, 수확, 병충해 등의 데이터들을 입력하면 각 지역에 맞춤화한 AI로 활용할 수 있다. 범용 모델이 제공하지 못했던 상세한 정보 등을 제공할 수 있는 것이다. 전문적으로 활용하는 AI 모델에는 검색 증강 생성(RAG) 기술도 적용된다. RAG는 방대한 양의 대규모 데이터에서 AI가 필요로 하는 특정 정보나 지식만 정확하게 검색하는 기능이다. 챗GPT와 같은 생성형 AI가 사용자 질문에 대답하기 전에 특정 데이터베이스(DB)에서 정보를 검색하고 이를 LLM에 적용해 AI가 더욱 정확한 답변을 생성하게 한다. 이를 통해 AI는 더욱 정확한 답변을 할 수 있다.

농부는 이 AI 모델을 통해 현재 필요한 정보를 정확하게 파악할 수 있다. 특히 초보 농부는 이 모델을 통해 필요한 정보를 손쉽게 얻을 수 있다. 그동안 포털 사이트의 '지식인'과 같은 서비스에 묻거나 주변에 사는 경험 많은 농부에게 물어봐야 했던 내용을 편안하게 취득하게 된 것이다.

농부의 진정한 조력자, 멀티모달 AI

최근 생성형 AI는 '멀티모달(Multimodal)'로 발전하고 있다. 멀티모달은 시각, 청각, 촉각 등 다양한 '모달(Modal, 감각)'을 동시에 받아들이고 사고할 수 있는 AI 모델을 뜻한다. 텍스트를 비롯해 음성, 제스처, 이미지, 표정, 생체신호 등 여러 데이터를 이해해 결과물을 낸다.

오픈AI는 2024년 5월 GPT-4를 GPT-4o(옴니)로 업데이트하며, 멀티모달 기능을 갖췄다고 발표했다. 오픈AI가 소개한 영상에선 사용자가 텍스트 대신 사진을 촬영해 올리거나 동영상을 업로드하면 AI가 이를 인식하고 연산해 원하는 결괏값을 알려 준다. 일례로 다른 언어로 된 메뉴판 사진을 촬영해 GPT에 올리면 AI가 번역하고 음식이 무엇인지 어떤 역사가 있는지 등을 알려 주고, 생중계 중인 야구 경기를 GPT에 올리고 규칙을 설명해 달라고 요청하면 관련 답변을 해 준다. 이에 앞서 구글도 같은 해 2월 기존 AI 챗봇 바드의 이름을 '제미나이'로 변경하며 멀티모달 기능을 갖췄다고 발표했다. 한국에서도 LG AI연구원이 일찍이 텍스트와 이미지를 모두 이해해 결과를 내는 멀티모달 AI 엑사원을 출시했다.

멀티모달 AI는 농업에서 활용성이 크다. 일례로 작물의 상태에 문제가 있는 경우 농부는 이 정보를 알기 위해 현재 작물 상태를 말로 설명해야 했다. 주변 농부에게 묻거나 인터넷을 통해 관련 정보를 찾을 때 모두 텍스트로 어떤 증상인지 상세히 설명하는 단계를 거쳤다. 멀티모달 AI를 이용하는 경우 사진 한 장이면 충분하다. 상태가 좋지 않은 작물의 사진을 찍으면 AI가 이를 분석해 수분 스트레스 증상인지, 병충해 문제인지, 다른 문제인지 등을 파악하고, 해결책도 제시해 준다. 스마트폰으로 꽃 사진을 찍으면 어떤 꽃인지 알려 주는 애플리케이션과 유사한 방식이다. 단, 생성형 AI는 기존에 학습한 데이터를 토대로 증상과 해결책까지 보여 줄 수 있다.

여기에 더해 멀티모달 AI는 사용자가 이해하기 쉽게 그림을 그려 설명할 수도 있다. 촬영한 작물 중 어떤 점이 문제인지를 글이 아닌 그림으로 설명하는 것이다. 영상을 생성하는 기술이 더 고도화되면 농부가 해야 하는 조치를 영상으로 보여 주는 것도 가능하다.

멀티모달 AI는 데이터 취합에도 도움을 준다. 농업에서 AI와 같은 디지털 기술을 활용하기 위해선 데이터가 중요하다. 특히 맞춤형 농업을 하기 위해선 각 지역이나 농부의 개인 데이터가 필요하다. 그런데 농부가 일일이 데이터를 입력하긴 힘들다. 농업은 특성상 일손이 바쁜 시기가 있고, 디지털 기술에 익숙하지 않은 농부도 많아서다. 멀티모달 AI는 이미지나 음성, 영상을 모두 인식해 결괏값을 내기 때문에 농부가 촬영한 수확물의 사진, 농장에 설치된 CCTV로 촬영되는 영상, 농부가 전화하듯이 스마트폰을 대고 얘기하는 소리 등을 모두 데이터로 추출할 수 있다. 농부가 데이터를 저장하는 방식이 쉬워지고 AI는 학습할 데이터가 많아진다. 그만큼 또 AI 모델을 고도화할 수 있다.

손 많이 가는 마케팅, AI 비서가 돕는다

생성형 AI는 농부의 마케팅에도 활용할 수 있다. 최근 농가에서는 소비자와 직거래하는 농부들이 늘어나고 있다. 별도 유통업체를 거치지 않고 홈페이지나 블로그를 통해 주문받고, 배송하는 농부가 많아졌다. 유통 과정의 단계를 줄여 소비자에게 더 저렴하게 농산물을 공급할 수 있고, 더 많은 이윤을 창출할 수 있어서다.

하지만 홈페이지에 상품을 올리는 것도, 별도 포장지를 만드는 것도 모두 일이다. 노동이 들어간다. 상품이 잘 팔릴 수 있도록 문구도 작성해야 하고 상품을 올린 후 상품 설명에 대한 글도 올려야 한다. 홍보도 필요하다. 블로그, 소셜 네트워크 서비스(SNS) 등 여러 채널을 이용해 홍보해야 상품이 팔린다. 유통 과정을 줄여 이윤을 남길 수 있지만, 그만큼 품이 많이 들게 된다.

생성형 AI는 이러한 문구 작성에 도움을 준다. 농부가 어떤 상품에 대한 글을 원하는지, 어떤 방향의 글을 원하는지 프롬프트로 입력하면 생성형 AI는 해당 문구를 만들어 준다. 홈페이지나 포장지에 사용할 이미지를 만드는 것도 가능하다. LG생활건강은 '엑사원 아틀리에 플랫폼'으로 이미 고급 화장품 패키지와 추석 선물 세트 디자인을 한 사례가 있다. 엑사원 아틀리에는 LG AI연구원이 개발한 멀티모달 AI인 엑사원 2.0을 기반으로 이미지 생성과 이해에 특화한 서비스를 제공하는 플랫폼이다. 이른바 농부에게 마케팅 보조 AI 비서가 생긴 셈이다.

생성형 AI는 이외에도 농기계에 접목돼 카메라로 촬영되는 농작물 현황을 분석해 더 고도화된 자동화를 실현하거나 다양한 작물 품종의 유전자 데이터를 분석해 더 나은 품종을 개발하는 일 등에 활용할 수 있다. 단, 맞춤화 농업을 실현하려면 각 지역과 환경에 특화한 데이터가 필요하고, 농부 개인이 맞춤형 AI를 도입하기엔 비용과 기술에 관한 장벽이 존재해 국내에선 농업 단체나 협동조합 등과 연계한 기술 발전이 필요하다.

참고문헌

김동원(2023.7.19). 한국 초거대 AI 자존심 '엑사원'이 돌아왔다. THE AI, https://www.newstheai.com/news/articleView.html?idxno=4177

김동원(2024.2.9). 구글, '제미나이 시대' 선언. THE AI, https://www.newstheai.com/news/articleView.html?idxno=4947

김동원(2024.5.14). 챗GPT, 멀티플레이어 'GPT-4o'로 재탄생. THE AI, https://www.newstheai.com/news/articleView.html?idxno=5439

김동원(2024.6.20). “기업엔 85점짜리 다재다능 AI보다 100점 ‘전문가 AI’가 필요하다”. 디지틀조선일보, https://digitalchosun.dizzo.com/site/data/html_dir/2024/06/20/2024062080178.html
김동원(2024.6.20). [단독] 네이버, 하이퍼클로바X로 농업 디지털 혁신 지원. THE AI, https://www.newstheai.com/news/articleView.html?idxno=5737

김동원

조선미디어그룹이 설립한 인공지능 전문매체 ≪THE AI≫의 기자 겸 편집장이다. 서강대학교 미디어커뮤니케이션대학원에서 언론정보를 전공했다. 인공지능, 반도체 등 테크 분야를 주로 취재한다. 대통령 직속 국민통합위원회 'AI 확산에 따른 미래갈등 대비' 자문단으로 근무했다. 현재 국제인공지능윤리협회 자문위원으로 활동하고 있다.